Cäcilia Kittel

Anbetungsstunden

D1729849

HERDER

GEMEINDEPRAXIS

Cäcilia Kittel

Anbetungsstunden

Impulse und Modelle

Mit CD-ROM

HERDER

FREIBURG · BASEL · WIEN

Die Bibelstellen sind entnommen aus: Einheitsübersetzung der Heiligen Schrift
© Katholische Bibelanstalt Stuttgart

© Verlag Herder GmbH, Freiburg im Breisgau 2011
Alle Rechte vorbehalten
www.herder.de

Umschlaggestaltung: Finken & Bumiller
Umschlagmotiv: © iStockphoto.com

Satz- und CD-ROM-Gestaltung: SatzWeise, Föhren
Herstellung: fgb · freiburger graphische betriebe
www.fgb.de

Gedruckt auf umweltfreundlichem, chlorfrei gebleichtem Papier
Printed in Germany

ISBN 978-3-451-34203-5

Inhaltsverzeichnis

Vorwort 7

Einführung 8

Sammlung 11

I. Kurze Impulse und Gebete 13

Augenblicke 14

Gott weiß um mich 16

Worte 18

Schweigen 19

Da sein 20

Ausruhen beim Herrn 22

Fragen 24

Er liebt 25

Seelennahrung 26

Alles Ihm hinhalten 28

Blick in die Vergangenheit 30

Loslassen 32

Jesus 34

Ihn beherbergen 36

Ein Schritt 38

Mein Herz schenken 39

Gott anbeten 40

Glaube 42

In meinem Innersten 44

Zu nächtlicher Stunde 46

Das Heilige aufsuchen 48

Der Andere 49

Aushalten 50

Nachklang 52

Ein Schatz … 54

II. Anbetungsstunden – Themen des Glaubens 55

   Beim Herrn zur Ruhe kommen 56

   Verweilen 62

   Zeit 66

   Auf Reise gehen 72

   Gott erfahren 77

   Von Ihm angenommen 82

   Jesus und der Vater 86

   Bitte, Dank und Lobpreis 91

   Da sein für andere 96

   Ausgerichtet auf den Herrn 101

III. Anbetungsstunden – Durch das Kirchenjahr 105

   Warten (Advent) 106

   Menschwerdung (Weihnachten) 109

   Das Unverzichtbare (Fastenzeit) 112

   Getsemani (Gründonnerstag) 115

   Warum (Gründonnerstag in der Nacht) 118

   Durchgang (Karwoche) 120

   Verwandlung (Ostern) 123

   Raum schaffen (Pfingsten) 126

Vorwort

Wenn Menschen von »eucharistischer Anbetung« hören oder lesen, mag manch einen vielleicht ein eigenartig befremdliches Gefühl überkommen. Eine längst überholte Frömmigkeitsform? Etwas für Menschen fortgeschrittenen Alters, die sich mit dem Wandel der Zeit nicht anfreunden können?

Nein. Dieses Buch will Menschen ansprechen, die mit beiden Beinen fest im Leben stehen. Es richtet sich an solche, die voller Sehnsucht auf der Suche nach Gott sind und die sich an ihrer Freiheit freuen, die ihnen vom Schöpfer geschenkt wurde. Vor allem richtet es sich an diejenigen, die ihrer Ahnung trauen, dass es einen Größeren gibt, der uns Menschen nicht wegen unserer Leistung, sondern um unserer selbst willen liebt. An Menschen, die einen anderen groß sein lassen können, ohne sich selbst klein machen zu müssen. An Menschen, die es lieben, innezuhalten und zu verweilen, um dann den Weg gestärkt weiter zu gehen.

Es kann eine Herausforderung sein, stille Zeiten der eucharistischen Anbetung zu halten, ja Stille auszuhalten. Doch gerade die Stille, in der ich mich ungestört und ohne Wort-Vorgaben dem Herrn zuwende, kann einen Raum in mir eröffnen, in dem Gottes Gegenwart sich erahnen lässt. Welch kostbares Geschenk!

Alle, die für die Gestaltung einer Zeit eucharistischer Anbetung Verantwortung übernehmen und dieses Buch als Hilfe zur Hand nehmen, möchte ich sehr ermutigen, sich nach dem jeweils verwendeten Impulstext in aller Ruhe auf das Wagnis der stillen Zeit vor dem Herrn einzulassen, ja sich ihm zu überlassen und den anwesenden Beterinnen und Betern genügend Raum der Stille zu gewähren.

Ich wünsche allen Menschen, die die Nähe zum ausgesetzten Allerheiligsten aufsuchen, dass sie berührt und durchdrungen werden von der liebenden Gegenwart Jesu. Möge er in ihnen und durch sie zum Segen auch für andere werden.

Amoltern im Kaiserstuhl, im Dezember 2010   Cäcilia Kittel

Einführung

Nie zuvor waren die Menschen wohl so sehr mit Informationen, Diskussionen und Worten konfrontiert wie in unserer Zeit. Entwicklungen erscheinen zuweilen rasant und unüberschaubar. Leistungen werden – nicht nur im beruflichen Kontext – erwartet, immer schneller, höher, besser. Nur nicht stehen bleiben, nur nicht abhängen, …

Dabei wächst die Sehnsucht der Menschen nach Ruhe. Einmal nichts leisten müssen, nichts sagen müssen, keine Maßstäbe erfüllen müssen. Nur einfach sein dürfen, da sein, so wie ich heute da sein kann. Sich in die liebende Gegenwart Gottes hineinbegeben, sich auf ihn hin ausrichten, manches loslassen und neu zu sich selbst und zu Gott finden, dazu kann die Gebetsform der eucharistischen Anbetung eine Hilfe sein.

Das Grundanliegen dieses Buches ist es, Menschen in eine Zeit des stillen Daseins vor dem Herrn zu begleiten. Die Textimpulse und Gebete wollen als Brücke ins schweigende Dasein vor dem Allerheiligsten verstanden werden. In der Stille kann persönliche Begegnung des Einzelnen mit Gott geschehen. Das wichtigste Element, das dieses Buch vermitteln will, ist deshalb die »Zeit der Stille«.

Das Buch ist in drei Teile gegliedert:

Teil 1 beinhaltet bewusst kurze Textimpulse, die sich besonders für eucharistische Anbetungszeiten eignen, die unmittelbar vor oder nach einem Gottesdienst liegen. Sie helfen, in eine stille Zeit vor dem Allerheiligsten hineinzufinden.

Jede Einheit beinhaltet einen **Textimpuls**, der in meditativer Weise vorgetragen werden soll. Daran schließt sich eine **Zeit der Stille** unmittelbar an. Diese kann etwa 30 Minuten andauern, zumindest sollte sie für etwa 15 Minuten gewahrt werden, um ein Einschwingen in die Stille und in die Tiefe zu ermöglichen. Mit dem **Gebet** kann die Stille beendet werden. Den Abschluss der Gebetszeit kann – wo dies möglich ist – der eucharistische Segen durch Priester oder Diakon bilden. Möglich ist schließlich ein gemeinsames Lied aus dem Gotteslob oder einem der Gemeinde bekannten Liedheft, zum Beispiel ein Lob- oder Danklied oder auch ein dem Jahreskreis entsprechendes Lied.

In **Teil 2** finden sich Modelle für Zeiten, in denen Menschen eigens zur eucharistischen Anbetung zusammenkommen. Die Impulstexte sind etwas ausführlicher und zum Teil mehrfach durch die Einladung zur Stille unterbrochen. Bisweilen nehmen sie inhaltlich einen Gedanken etwas deutlicher auf. Die Zeiten der Stille werden hier insgesamt noch mehr Raum einnehmen können. In den Fürbitten weitet sich der Blick für die Notleidenden in der Welt. Bibelstellen und Liedvorschläge ergänzen die Einheiten.

Teil 3 nimmt in seinen Texten Bezug zum Jahreskreis (Advent, Weihnachten, Fastenzeit usw.). Auch hier können die angegebenen Bibelstellen mit verwendet werden, sofern genügend Zeit für die Einheit zur Verfügung steht.

Sammlung

Des Abends, wenn der Tag sich neigt,
entschwindet wieder ein Stück meiner Lebenszeit.
Die Nacht kommt ungefragt,
ersehnt vom einen,
gefürchtet vom anderen.
Keiner legt fest,
ob die Nacht gibt oder ob sie nimmt,
ob sie zur Not wird oder zum Geschenk.

So ist es auch mit der Stille.
Die Stille ist nicht schon Glück an sich.
Sie kann wohltuend wie Heimat sein,
Geborgenheit und Wärme schenken, Ruhe und Erfüllung geben.
Gleichwohl kann Stille aber auch ans Licht bringen,
was in der Umtriebigkeit und im Lärm leicht verborgen werden kann:
Unruhe, Einsamkeit, Angst.

In Stille da zu sein ist nicht immer einfach.
Stille auszuhalten erfordert manchmal Mut.
Ganz bei sich bleiben, nicht ausweichen,
sich selbst ertragen mit allen Gedanken und Gefühlen,
die Unruhe zulassen, die sich gerade dann meldet, wenn ich mir Ruhe erhoffe,
wie kann das gehen?

In meiner Ausrichtung auf den Herrn darf ich mir bewusst werden,
dass meine Leiblichkeit in allen ihren Facetten zu mir gehört,
spürbar in meiner Befindlichkeit, meinem körperlichen Dasein, meinem Atem.
Und gerade das aufmerksame Beobachten und Fließen-Lassen meines Atems
kann mir zur inneren Sammlung helfen.
Der Atem kommt und geht, ohne mein Zutun, frei, im eigenen ruhigen Rhythmus.
Im steten Wechsel nimmt er mit sich, was ich nicht mehr benötige, und versorgt
mich neu mit dem, wessen ich bedarf.

Auch in einer bewussten Körperhaltung kann ich eine Hilfe zur Ausrichtung auf den Herrn erfahren. Die wohlgewählte äußere Haltung kann mir ermöglichen, in Ruhe vor Gott da zu sein.

Ob ich vor dem Herrn aufgerichtet und mit innerlich wachem Geist in einer Kirchenbank oder auf einem Hocker sitze oder ob es mich drängt, vor ihm auf die Knie zu fallen,

ob ich meine Hände wie eine offene Schale halte oder schlicht ineinander lege, ob eine Hand meine Herzgegend berührt oder meine Stirn,

immer kann das Äußere zum Ausdruck des Inneren werden und fördern, dass Abwesenheit zu Präsenz wird, Zerstreuung zur Ordnung, zur Hinordnung auf das Wesentliche.

Bei aller empfundenen Unvollkommenheit zählt vor dem Herrn doch immer mein Sehnen nach ihm, meine Liebe zu ihm, meine ihm geschenkte Zeit.

I. Kurze Impulse und Gebete

Augenblicke

Impuls

Für einige Minuten
den Lauf des Tages unterbrechen
und innehalten

für kurze Zeit
sich noch einmal erinnern
an Begegnungen
Gespräche
Situationen

für Augenblicke
nichts als
Ihm alles hinhalten
und wissen
es ist in Gottes Hand

Zeit der Stille

etwa 15 bis 30 Minuten

Gebet

Gott,
du bist bei mir
in großen Momenten
wie in Alltäglichkeiten
meines Lebens.

Ob ich Rasen mähe,
Kartoffeln schäle oder
an der Ampel stehe,
du bist bei mir.

Du begegnest mir
im Freund

im Nachbarn
im Fremden.

So gebe ich
jetzt in deine Obhut
alles, was heute gelungen ist
und alles, was unvollkommen geblieben ist.
Nimm es an in deiner Güte.

Was nicht gut war,
umfange du in deiner Barmherzigkeit.
Was geglückt ist,
lass zum Segen werden.
Dies erbitten wir durch deinen Sohn Jesus Christus,
unseren Herrn.

Amen.

Gott weiß um mich

Meine Wünsche und Bitten
will ich dir sagen,
guter Gott,
weil ich dir vertraue.

Meine Sorgen und Ängste
will ich vor dir zur Sprache bringen,
Vater, im Himmel,
weil ich auf dich hoffe.

Meine Not
will ich vor dir beim Namen nennen,
Herr des Lebens,
weil ich an dich glaube.

Und stoße dabei an Grenzen,
ringe nach Worten,
leide an Sprachlosigkeit,
verstumme.

Schweigend bin ich da
und erkenne,
du bist gegenwärtig,
du bist mir zuinnerst.

Es bedarf keiner Worte,
keiner Überbrückung,
keiner Erklärung.

Du weißt um mich.

Zeit der Stille

etwa 15 bis 30 Minuten

Gebet

Du Gott
jenseits der Sprache

Du Gott
jenseits des Denkens

Du Gott
jenseits des Todes

und doch
unendlich nah

Du Gott
in meiner Ohnmacht

Du Gott
in meinem Ringen

Du Gott
in mir.

Worte

■ Impuls

So viele Worte
sind heute an mein Ohr gedrungen
Radio, Fernseher, Zeitung
haben mir allerhand erzählt

so viele Sätze
wurden heute gesprochen
bedeutsame und unnötige
Worte über Worte
wichtige und unwichtige
bleibende und vergängliche

jetzt einmal
für eine kleine Weile
keine Worte sprechen
nichts sagen
gar nichts

einem Anderen
das Wort überlassen
und nur hören
was Er jetzt zu sagen hat

■ Zeit der Stille

etwa 15 bis 30 Minuten

■ Gebet

Herr
wie schwer fällt es uns oft
zu schweigen
um des Hörens willen

lehre uns lauschen
von Herz zu Herz – Amen.

Schweigen

Impuls

Schweigen vor dem Herrn
ist mehr als nichts tun
es ist
sich ihm zuwenden

Schweigen vor dem Herrn
ist mehr als nicht sprechen
es ist
hören

Schweigen vor dem Herrn
ist mehr als leer werden
es ist
sich erfüllen lassen

Zeit der Stille

etwa 15 bis 30 Minuten

Gebet

Herr, unser Gott,
lass uns in all unserem Tun nie vergessen
dass du der Schöpfer bist,
der Geber aller Gaben
und Ursprung allen Lebens.

Bewahre in uns die Sehnsucht
nach deinem Wort
und schenke uns Anteil
an der Fülle deiner Liebe und Gnade.

Darum bitten wir durch Jesus Christus,
unseren Bruder und Freund.

Amen.

Da sein

Hier bin ich, Herr,
und will verweilen,
ich habe Zeit.

Hier bin ich, Herr,
und will verweilen,
an diesem Ort.

Hier bin ich, Herr,
und will verweilen
in Freiheit,
mit Herz und Verstand
in deiner Gegenwart.

Im Glauben erahne ich dich,
den die Zeit nicht fassen kann,
in meiner Hoffnung ersehne ich dich,
Du Allgegenwärtiger,
in der Liebe erfahre ich dich,
von dem alles Gute kommt.

Du vermagst zu verwandeln
in Gelassenheit, was voll Sorge ist,
in Stärke, was schwach ist,
in Freude, was traurig ist.

Dankbar will ich verweilen
bei Dir, Herr,
meinem Erlöser
und Retter.

So bin ich hier vor Dir
mit allem, was zu mir gehört
jetzt, in dieser Zeit, die mir geschenkt ist.

in der Gemeinschaft von Glaubenden,
die mit mir auf dem Weg sind.

Zeit der Stille

etwa 15 bis 30 Minuten

Gebet

Herr,
gut ist es,
in deiner Nähe zu sein.

Du empfängst mich
mit offenen Armen
ohne Vorbehalt,
jederzeit.

Ich darf mein Herz
bei dir ausschütten
und des Guten gewahr werden,
das du schenkst.

Und leise
füllt sich mein Herz
mit Freude.

Ich danke dir.

Amen.

Ausruhen beim Herrn

■ Impuls

Eine Ruhezeit
zwischen Tagwerk und Feierabend
um das eine loszulassen
und das andere zu beginnen

eine Atempause
zwischen Aufbruch und Ziel
als Innehalten
um Kraft zu schöpfen
für den weiteren Weg

innehalten
um die Richtung zu überprüfen
und sich nicht zu verrennen

eine Rast einlegen
und einkehren
bei dem
der da ist
immer erreichbar.

In einer Zeit der Stille
dürfen wir jetzt ausruhen beim Herrn.
Er will uns Gutes tun.
Öffnen wir unser Herz
und machen wir uns bereit
für die Begegnung mit Ihm.

■ Zeit der Stille

etwa 15 bis 30 Minuten

▧ Gebet

Herr Jesus Christus

Du bist hier
gegenwärtig
in der Gestalt des Brotes.

Geborgen in dir
ruhen wir aus.

Was müde in uns ist
belebe du neu.

Was gekrümmt ist
richte du auf.

Segne uns und behüte uns.
Lass dein Licht leuchten
in unseren Herzen
in unseren Familien
und in unseren Gemeinden.

Bleibe bei uns
heute
und an allen Tagen unseres Lebens.

Amen.

Fragen

Impuls

Wir sind vor dem Allerheiligsten versammelt.
Jesus ist im eucharistischen Brot gegenwärtig.
Was ich in meinem Herzen trage, hat Platz bei ihm.
Ich kann mit ihm reden wie mit einem Freund.
Er versteht jede Sprache, auch die wortlose.

Nicht immer verläuft mein Leben in klaren Linien.
Da gibt es viele offene Fragen.

So will ich denn diese Fragen anbringen,
in der Hoffnung und im Vertrauen darauf,
eine Richtung zu erkennen, die mir weiterhilft.
Ich wünsche mir, Antworten zu finden.

In der Stille will ich mich ganz auf meinen Freund einlassen,
ihn zu Wort kommen lassen und
einfach hörend bei ihm sein.

Bisweilen kommen mir dabei meine Fragen abhanden.

Zeit der Stille

etwa 15 bis 30 Minuten

Gebet

Jesus, ich bitte dich
zeige mir, worauf es wirklich ankommt
lehre mich unterscheiden
zwischen wichtig und unwichtig
hilf, das Vergängliche zu lassen
und das Unvergängliche zu gewinnen
an dir will ich mein Leben orientieren
auf dich will ich hören
heute und alle Tage
Amen.

Er liebt

▦ Impuls

Der Herr ist da
welche Freude
gegenwärtig
jetzt und hier

keine Posaunen und Fanfaren
seine Macht ist die Liebe
still
umfassend
vollkommene Liebe
welche Freude

er erzwingt nichts
er lädt ein

er verurteilt nicht
er liebt

welche Freude

▦ Zeit der Stille

etwa 15 bis 30 Minuten

▦ Gebet

Herr Jesus

vollkommen in deiner Liebe
unsagbar in deiner Güte
grenzenlos in deiner Barmherzigkeit

mein Herz jubelt vor Freude
in deiner Nähe
und alles andere
wird klein

Seelennahrung

■ Impuls

Jesus war ein betender Mensch.
Häufig wählte er den Rückzug für sein Gebet.
Mit Vorliebe ging er dazu auf einen Berg,
er allein.
Manchmal war er ganze Nächte lang in das Gebet versunken.
So konnte er Kraft schöpfen aus der innigen Verbundenheit mit dem Vater.
In der Einsamkeit wandte er sich mit ungeteilter Aufmerksamkeit ihm zu.
Niemand störte ihn,
er konnte sich ganz in das Gebet hineingeben,
gesammelt ganz da sein.

Im Rückzug nahm er auch Abstand von seinen Gefährten,
um ihnen danach gestärkt und voller Klarheit
auf neue Weise zu begegnen,
sie anzustecken mit seiner Glut,
sie zu beauftragen und zu entsenden.
Das Gebet zum Vater war Jesus Zeit seines Lebens Nahrung und Halt.

Auch wir haben uns ein Stück weit aus dem Alltagsgeschehen herausgenommen
und haben uns zum Gebet hierher zurückgezogen.
Auch uns können Zeiten der Stille vor dem Herrn
Nahrung und Halt für unser Leben sein.
Zu Christus, dem Auferstandenen, wollen wir unsere Gedanken erheben.
Ihn wollen wir ehren,
unsere Beziehung zu ihm immer mehr vertiefen.
Mit ihm im Herzen können wir uns dann wieder neu auf die Begegnungen mit
unseren Mitmenschen einlassen und uns unseren Aufgaben und Herausforde-
rungen stellen.
Christus will jeden nähren und stärken, der sich ehrlichen Herzens ihm zu-
wendet.

Wir wollen also unser Herz für ihn öffnen und mit jedem Atemzug tiefer in
seine Gegenwart eintauchen.
Möge er uns jetzt zur Nahrung für die Seele werden,

damit wir den Mitmenschen nach seiner Weise gerecht, wahrhaftig und liebevoll begegnen können.
In der Stille dürfen wir uns an der Kostbarkeit seiner Gegenwart erfreuen.

Zeit der Stille

etwa 15 bis 30 Minuten

Gebet

Jesus Christus
im Brot gegenwärtig
du Nahrung meiner Seele
ohne dich fehlt mir
das Fundament für mein Leben
ohne dich
verirrt sich mein Weg
verdorrt meine Hoffnung
erlischt meine Freude
Jesus Christus
du Licht dem ich folge
du Kostbarkeit meiner Seele
du Geschenk des Himmels
sei mir zuinnerst

Amen.

Alles Ihm hinhalten

■ Impuls

Das Allerheiligste wurde ausgesetzt.
In einer Zeit der Stille dürfen wir uns auf ganz persönliche Weise Jesus zuwenden.
So verschieden wie wir Menschen sind, so unterschiedlich sind unsere Anliegen, die wir mit hierher gebracht haben.

Meine Sehnsucht, meine Wünsche,
meine Bitten und Fragen, meine Sorgen, meine Zweifel,
aber auch meine Freude, mein Hoffen, mein Staunen, meine Dankbarkeit,
all das gehört zu meiner ganz persönlichen Prägung,
mit der ich heute, jetzt in dieser Stunde,
hier vor dem ausgesetzten Allerheiligsten da bin.

Mit meiner ganz persönlichen Gestalt bin ich jetzt eingeladen
zur Begegnung mit Jesus, der im eucharistischen Brot zugegen ist.
Ob mein Herz jauchzt oder trauert,
ob mein Inneres ratlos ist oder voller Tatendrang,
ob mein Körper müde ist oder wach,
ich darf so sein, wie ich bin.
Nichts muss verdrängt werden, nichts wird bewertet.

Jesus selbst wendet sich jedem Einzelnen von uns zu,
nimmt jeden an in seiner ganzen Person,
will mit jedem in Beziehung treten
und allen Menschen Lebendigkeit und Freude schenken.

Öffnen wir ihm unser Inneres und lassen wir ihn teilhaben an unserem Denken und Fühlen.
Halten wir ihm unser Leben hin,
die Situation, in der wir stehen,
den Weg, den wir gehen,
die Entscheidungen, die wir zu treffen haben.

Halten wir ihm auch die Menschen hin, die uns anvertraut sind,
die Menschen, um die wir uns Sorgen machen,
die Menschen, die uns in den Sinn kommen.

Halten wir Jesus, dem Auferstandenen, alles hin, was uns jetzt persönlich wichtig ist, und bitten wir ihn um seine Güte und sein Mitgehen.

Wir dürfen gewiss sein, dass er für jeden, der zu ihm kommt,
ein offenes Ohr hat.
Seine Liebe will sich verströmen in grenzenloser Weise.
So wollen wir jetzt ganz bei ihm sein und uns selbst ihm schenken im stillen Dasein.

Zeit der Stille

etwa 15 bis 30 Minuten

Gebet

Gott des Himmels und der Erde
in Jesus hast du
deine Menschenfreundlichkeit offenbart
in ihm ist das Wort Fleisch geworden.

Durch ihn bitten wir dich:
schütze uns und alle, die uns anvertraut sind
sei bei uns auf allen Wegen unseres Lebens
und bewahre uns allezeit in deinem Segen.

Amen.

Blick in die Vergangenheit

Der Herr selbst ist im eucharistischen Brot gegenwärtig.
Hier an diesem Ort und jetzt in dieser Zeit ist er zugegen.
In seine Gegenwart dürfen wir unsere Gegenwart hineinhalten,
unser Dasein, unser Leben und alles, was mit unserem Leben, unserem Denken
und Fühlen, unserer Existenz in irgendeiner Weise in Verbindung steht.
So wie es mir heute möglich ist vor dem Herrn da zu sein, darf ich mich mit
meinem Leben in seine Gegenwart hineinhalten.

Mein Leben besteht dabei nicht nur aus momentanen Augenblicken,
nicht nur aus dem heutigen Tag.
Mit meinem Kommen habe ich auch all das mit hierher gebracht,
was sich in den letzten Monaten, Jahren, ja seit meinem ersten Lebenstag
zu meinem ganz persönlichen Leben geformt hat.
Meine Vergangenheit, ja alle meine Lebenstage sind Teil meines individuellen
Lebens und untrennbar mit mir verbunden.

Was meine Vergangenheit mir bedeutet,
ist vielschichtig und nicht in wenige Worte zu fassen.
Manche Phasen, manche Ereignisse würde ich vielleicht am liebsten aus meinem Lebensbuch streichen.
Anderes würde ich liebend gerne noch einmal heranholen,
noch einmal richtig auskosten.
Manchmal spüre ich den Schmerz der Vergänglichkeit.

Was ich erlebt habe, was mich geprägt hat,
darf ich dem Herrn heute hinhalten.
Einzelne Phasen meines Lebens in der Kindheit, der Jugend und im Erwachse-
nenalter,
alles darf ihm übergeben werden.
Prägende Tage meines Lebens,
ob leidvolle oder jene voll der Freude und des Glücks,
darf ich Jesus hinhalten.

Er ist der Menschensohn,
der mit den Weinenden weint und mit den Fröhlichen lacht.
Jesus ist ein Mitfühlender und durch und durch Liebender.
Er verurteilt nicht die Unvollkommenheiten und Schwächen meines Lebens.

Der Liebe Jesu darf ich jetzt anvertrauen,
was mir aus vergangenen Tagen zu schaffen macht,
Ereignisse, die mich bis heute quälen,
ungelebtes Leben, das ich nicht mehr nachholen kann.

Wo ich seines Trostes bedarf, möge er meine Seele liebevoll berühren.
Für die Früchte meines Lebens möge er mir den Blick öffnen und mich dankbar
auf Gutes zurückschauen lassen.

Zeit der Stille

etwa 15 bis 30 Minuten

Gebet

Jesus
sieh an mein Leben
unvollkommen
vergänglich

Vor dir sind noch kostbar
Risse und Scherben
eines gebrechlichen Lebens.

Allein deine Liebe vermag zu verwandeln.

Sieh an auch das Gute
gelungene Werke
freudvolle Stunden.

Du ließest reifen so viele Früchte
in meinem Leben.

Das Glück wahrer Freude kannst Du allein geben.

Dank sei Dir
Jesus

Loslassen

Loslassen
wie schwer fällt es doch oft
frei zu geben
was nicht zu halten ist
Veränderungen zu akzeptieren
die gewollt oder ungebeten
unser Leben neu bestimmen

Loslassen
die Zeit
die Kinder
die Eltern
Träume
Wünsche
Ziele

Loslassen
was uns geschenkt
und frei geben
was hätte sein sollen

Mit Gottes Hilfe
will ich das Lassen einüben
und durch seine Gnade
in eine neue Weise der Freiheit
hineinwachsen.

Möge er uns zur Fülle des Lebens führen.

▨ Zeit der Stille

etwa 15 bis 30 Minuten

Gebet

Gott,
Herr über Zeit und Ewigkeit
schmerzlich sind Abschiede in meinem Leben
große und kleine
geh mit mir durch alle Übergänge meines Lebens
sei an meiner Seite
und führe mich in neues Land, das größer ist und weiter
als mein Verstand je zu ermessen vermag.
Durch Christus, unseren Freund und Begleiter.

Amen.

Jesus

■ Impuls

Jesus,
du gabst dein Leben aus Liebe zu uns Menschen

Jesus,
du schenkst dich uns in der Eucharistie

Jesus,
du kommst uns zuinnerst nahe

Dich ehren und preisen wir.
Dich beten wir an.

Jesus,
du bist gegenwärtig im eucharistischen Brot

Jesus,
du rufst uns als deine Jünger

Jesus,
du hast uns erlöst von Schuld und Tod

Dich ehren und preisen wir.
Dich beten wir an.

Jesus,
du bist der Sohn Gottes

Jesus,
du wurdest Mensch

Jesus,
auferstanden von den Toten

Dich ehren und preisen wir.
Dich beten wir an.

In Dankbarkeit und Freude
beten wir dich an.

Voller Hoffnung und Vertrauen
beten wir dich an
unseren Herrn und Erlöser.

Zeit der Stille

etwa 15 bis 30 Minuten

Gebet

Herr

in der Einsamkeit meines Herzens
und in beglückender Gemeinschaft
bist du zugegen

in notvoller Angst
und in Freude und Zuversicht
bist du bei mir

in Sackgassen und Irrwegen
wendest du dich nicht ab

du bist mir nahe
ob ich darum weiß oder nicht

lass mich dir tiefer vertrauen
fester mit dir verbunden sein
alles auf dich setzen

ich preise dich
ich neige mich
ich bete dich an
ob deiner Größe und Herrlichkeit

Amen.

Ihn beherbergen

Wie sähe die Welt aus,
wenn keiner mehr über den anderen urteilte
wenn niemand sich anmaßte
über den anderen zu bestimmen

wenn Menschen
einander in die Augen blickten
und Zuhören höher stünde als Reden
wenn jeder bei sich selbst anfinge
mit den allerkleinsten Veränderungen zum Guten

wie sähe die Welt aus
wenn wir uns ein Beispiel nähmen
an Jesus
an seinem Leben
seinem Handeln
seiner Liebe

welche Entfaltung
würde unser Leben erfahren
welche Intensität und Freude
wenn wir ihm unsere inneren Tore öffneten
ihn einließen in den Tempel unseres Leibes
ihn beherbergten in unserem Herzen

Nehmen wir ihn auf!
Lassen wir uns erfüllen
von unserem Herrn und Gott,
von seiner Kraft und Liebe
und erfreuen wir uns
an seiner Gegenwart!

Zeit der Stille

etwa 15 bis 30 Minuten

Gebet

Herr Jesus Christus

zuweilen
erscheint dein Schweigen
wie Ohnmacht
deine Zurückhaltung
wie Unvermögen

du aber
bist anders
du schwimmst nicht mit dem Strom
richtest dich nicht nach der Mehrheit

du stehst treu in der Verbindung zum Vater
was für dich zählt, sind Wahrheit und Liebe

dir will ich folgen
du bist der Weg, die Wahrheit und das Leben

Amen.

Ein Schritt

■ Impuls

Einen Schritt machen
einen kleinen zumindest
aber beherzt
auf Ihn zu
dem Heiligen gegenübertreten
dem Geheimnis mich annähern

dabei hinter mir lassen
was lähmt und niederdrückt

heraustreten
aus dem eigenen Schatten
in sein Licht

■ Zeit der Stille

etwa 15 bis 30 Minuten

■ Gebet

Jesus Christus

bei uns
zugegen als
Licht der Welt

zum Heil
uns gegeben
in Brot und Wein

tritt ein
meines Herzens Raum
sei dein

Amen.

I. Kurze Impulse und Gebete

Mein Herz schenken

Impuls

Von Ihm
gewoben
im Schoß meiner Mutter

Tag und Nacht
eingehüllt
in Gottes Liebe

eines Tages
heimkehrend
zu Ihm

wie könnte ich nicht
seine Nähe suchen
mich nähren von seinem Brot
und Ihm mein Herz schenken

Zeit der Stille

etwa 15 bis 30 Minuten

Gebet

Gott

Ursprung und Ziel
ich vertraue dir mein Leben an
mich selbst will ich dir schenken

lass mich deine Nähe spüren
im Jubel der Freude
und in der Verlassenheit der Wüste

was auch kommen mag
bleibe bei mir und in mir
durch deinen Sohn Jesus Christus

Amen.

Gott anbeten

Gott,
wir sind gekommen, dich anzubeten.

Auch wenn du mit uns Menschen Großes vorhast,
bist du der immer Größere.
Wenn wir selbst schöpferisch mitwirken dürfen,
so bleibst du doch der Schöpfer.
Du gibst uns Anteil an deiner Göttlichkeit,
doch Gott bist du allein.

Dich beten wir an
als Antwort auf deine Liebe,
die vor aller Zeit war,
gegenwärtig ist
und nach aller Zeit sein wird.

Wir beten dich an
als Grund unserer Hoffnung
als Quelle unseres Lebens
als Ursprung unseres Seins.

Du unbegreifliche Fülle
Du unendliche Freude
Du unaussprechlicher Name

Du bist da
jetzt und hier
dich loben wir
dich preisen wir
dich beten wir an.

Amen.

Zeit der Stille

etwa 15 bis 30 Minuten

Gebet

Guter Gott,

festige unseren Glauben
stärke uns in der Hoffnung
entflamme unsere Liebe

auf all unseren Wegen
sei Du unser Segen
durch Deinen Sohn Jesus Christus

Amen.

Glaube

▓ Impuls

Der Herr zugegen im Brot.
Wer kann dies Geheimnis verstehen?
Die Vernunft allein strandet,
ohne die Brücke des Glaubens kommen wir nicht bei ihm an.
Immer hat Jesus auf die Notwendigkeit des Glaubens verwiesen.
»Dein Glaube hat dir geholfen.«

Und *mein* Glaube?
Was wäre, wenn Jesus heute zu *mir* sprechen würde:
»Was willst du, das ich dir tun soll?«

Bitten wir darum,
dass unser Glaube wächst
und unser Vertrauen gefestigt wird.
Der Glaube an Jesus Christus und an seine Gegenwart
ist Fundament unseres Lebens und Handelns,
nicht angenehme Zugabe, nein, Grundlage unseres christlichen Daseins.
Treten wir neu ein in die persönliche Beziehung zu Ihm.
Er geht die Wege jedes Einzelnen mit.
Er nimmt jeden von uns ernst und spricht jedem seine Würde zu.
Jesus Christus ist die Mitte unseres Glaubens.

Nutzen wir die nachfolgende stille Zeit, den Glauben an Ihn zu vertiefen und mit Ihm ins persönliche Gespräch zu kommen.
Wenn Not uns bedrängt, können wir sie Jesus hinhalten,
Ihm unsere wunde Seele zeigen, damit Er sich uns heilend zuwende.

▓ Zeit der Stille

etwa 15 bis 30 Minuten

▓ Gebet

Herr Jesus Christus

wenn
mein Glaube wankt
Gleichgültigkeit mich überkommt
Resignation sich ausbreitet
und mein Vertrauen schwindet

dann
stärke mich
rüttle mich auf
und offenbare dich mir

ich bitte dich

Amen.

In meinem Innersten

▓ Impuls

Wir schauen auf das eucharistische Brot.
Unser Glaube bekennt: Es ist der Herr!

Ich bin eingeladen, mich zu sammeln,
mich ganz auf Ihn hin auszurichten
und mein Herz für Ihn zu öffnen.

So will ich es wagen,
mich ganz in mein Innerstes hineinzubegeben,
in meine innerste Herzenskammer,
in meinen Kern,
dort hinein, wo niemand sonst hineinkommt,
niemand Zutritt hat.
Dort, wo ich nichts leisten muss,
ich mich nicht verstellen muss,
wo ich ganz ich selbst bin,
ich einfach sein darf,
in meinen Herzensraum
darf ich im Schauen auf Ihn jetzt eintreten.

In meiner innersten Mitte
begegne ich Ihm,
hier bin ich mit Ihm allein.
Ich mit Ihm und Er mit mir.
Begegnung ereignet sich.
Ich in Ihm
Er in mir

▓ Zeit der Stille

etwa 15 bis 30 Minuten

Gebet

Gott
staunend ahne ich deine Größe
kann sie nicht fassen
ich neige mein Herz
rühme dich und preise dich
ich bete dich an
Erhabener
Heiliger
Du, mein Herr und mein Gott

Zu nächtlicher Stunde

■ Impuls

Zu nächtlicher Stunde den Herrn aufsuchen
in der Mitte der Nacht zu ihm kommen
bei ihm verweilen
seine Nähe auskosten

die Welt hat sich niedergelegt
nichts Äußeres mag mehr zerstreuen

es scheint
als ob alles viel dichter
gesammelter
wesentlicher sei

als ob
was klein und lärmscheu
der Tiefe entlockt
vertrauensvoll sich erhebe
erste Schritte wagte
was unsicher und zart

wie innig und liebevoll
alles Neugeborene und Knospende
umfangen wird

Worte des Beters
schmelzen ins Schweigen

und werden
ein Lieben

■ Zeit der Stille

etwa 15 bis 30 Minuten

Gebet

Herr

ich werfe mich nieder
vor deiner Größe und Heiligkeit
vor deiner Gegenwart
bei Tag und bei Nacht

ich bete dich an
froh preist meine Seele
dich Liebenden

Das Heilige aufsuchen

Impuls

Wie oft wollen wir
mit allen Mitteln
gegen das Böse ankämpfen
das Ungute mit Macht vertreiben
Dunkles verjagen
um dem Hellen Platz zu schaffen

wirksamer wäre
sich dem Guten zuzuwenden
heilsame Worte zu sprechen
einzutauchen
in das heilige Geschehen

Gott selbst nähme Raum
und durch sein Licht
flöhe die Dunkelheit
von selbst

Zeit der Stille

etwa 15 bis 30 Minuten

Gebet

Herr Jesus Christus,

dein Licht
verdrängt alle Finsternis

deine Auferstehung
überwindet den Tod

deine Liebe
hält allem stand

du
mein Alles

Der Andere

Gott

du bist im Kleinen ganz groß
im Schwachen bist du mächtig
im Unscheinbaren leuchtest du

du willst mich befreien
aus dem Gefängnis
dem unsichtbaren

du willst mir Atem sein
wenn die Luft dünn wird

in meine Enge
strömst du ein
um Grenzen zu sprengen

von innen

Zeit der Stille

etwa 15 bis 30 Minuten

Gebet

Gott
Du bist anders

Kleines ist groß vor dir
Großes zerfällt

Schwaches ist mächtig bei dir
Starkes vergeht

Leises kommt an bei dir
Lautes verhallt

Gott
Du bist anders

Aushalten

■ Impuls

Gott ist unbeschreiblich
in menschlichen Dimensionen nicht zu fassen
Gott ist anders
und manchmal
ja, manchmal erscheint er uns
weit weg
abwesend
wir hören ihn nicht
spüren seine Nähe nicht
fühlen uns leer und verloren

dann können wir
fliehen
oder
ausharren
unser Dasein aushalten
im Halt, den unsere Augen
am ausgesetzten Stück Brot finden
ausharren
und zulassen
dass das Schauen der Augen
allmählich tiefer dringt
auf die Herzensebene
und mit Seiner Gnade vermögen wir
unseren Glauben an die Gegenwart Jesu
zu beleben
und Sein Ja zu vernehmen
das Er uns flüsternd ins Herz spricht

■ Zeit der Stille

etwa 15 bis 30 Minuten

▨ Gebet

Gott
seit Menschengedenken
nah und fern zugleich
vor aller Zeit
und nach aller Zeit
bist du, Gott,
in Jesus bist du Mensch geworden
durch ihn bitten wir dich
um Halt, Standfestigkeit und Stärke
Amen.

Nachklang

■ Impuls

Ein gelungener Besuch
ein tief gehendes Gespräch
oder ein ergreifendes Konzert

Alles Schöne und Erfreuliche
braucht Raum und Zeit
für den Nachklang
in dem sich das Ereignete vollenden
und sich in seinem ganzen Reichtum niederlassen kann.

Wie viel wertvoller noch
ist der Nachklang in meinem Herzen
wenn ich Jesus in der Eucharistie begegnet bin.

Eine Zeit des Verweilens
vor dem eucharistischen Brot
kann Nachklang sein.

Den Empfangenen
staunend betrachten
im Herzen ankommen lassen
mich durchwirken lassen.

Im Nachklang geschieht Wesentliches.
Aus Zeitlichem wird Ewiges.

■ Zeit der Stille

etwa 15 bis 30 Minuten

Gebet

Jesus
dein Leib
für uns gegeben
wer kann das
im Tiefsten verstehen
Geheimnis des Glaubens

durchdringe mein Wirken
und wandle mein Leben

werde du selbst
in mir zum Sein
das nie mehr endet

Amen.

Ein Schatz …

■ Impuls

ich habe mich auf den Weg gemacht
bin nach kurzer Reise eingetroffen
bei Ihm angekommen
mein Gepäck ist voll
eine Kiste mit Fragen
ein Korb voller Freude
ein kleiner Sack voll Dank
und ein ganz großer Karren voller Bitten
ich will Ihm alles erklären
einzeln und verständlich

während ich noch außer Atem bin
hat Er schon alles an sich genommen
ohne Worte
und in meinem Arm
entdecke ich eine Schatzkiste
ganz nah an meinem Herzen
einfach von Ihm eingetauscht

■ Zeit der Stille

etwa 15 bis 30 Minuten

■ Gebet

Herr Jesus Christus

Du bist der Reichtum
der Schatz meines Lebens

wie groß ist deine Güte
wie unsagbar deine Liebe

öffne die Augen meines Herzens
damit ich dich immer tiefer erkenne

mit dir will ich meinen Weg gehen – Amen.

II. Anbetungsstunden –
Themen des Glaubens

Beim Herrn zur Ruhe kommen

Vorbereitung:

Meditationswort auf Kärtchen auslegen oder verteilen
Gotteslob bereitlegen
Sandschale mit heißer Kohle vor den Altar stellen
Weihrauchkörner

Meditationswort

Kommt alle zu mir, die ihr euch plagt und schwere Lasten zu tragen habt. Ich werde euch Ruhe verschaffen. Mt 11, 28

Eröffnung

Im Namen des Vaters und des Sohnes und des Heiligen Geistes. Amen.

Lied zur Aussetzung

GL 547, Strophen 1, 3+4 Das Heil der Welt

Aussetzung des Allerheiligsten

durch Priester, Diakon oder einen beauftragten Laien

Gebet

Herr Jesus,
gegenwärtig im heiligen Sakrament

wir loben dich
wir preisen dich
wir beten dich an

Du Brot des Lebens
Du stillst unseren Hunger

wir loben dich
wir preisen dich
wir beten dich an

Du Quelle lebendigen Wassers
Du schenkst uns Leben in Fülle

wir loben dich
wir preisen dich
wir beten dich an

Zeit der Stille (einige Minuten)

Impuls

In der Stille wird uns deutlicher bewusst,
wovon unser Alltag so oft geprägt ist.
Von einer Besorgung zur anderen
von einem Termin zum nächsten
eine Pflicht nach der anderen
Geschäftigkeit
Hektik
Unruhe

Gedanken drehen sich um Sorgen
um selbstgemachte und aufgeladene
um schwerwiegende und belanglose
Ängste quälen
Fragen kommen
Unruhe plagt

Manchmal würde ich am liebsten davonlaufen
vor dem, was mich überwältigt
vor dem, was Macht über mich gewinnt
vor dem, was mich hin und her wirft
manchmal auch
vor mir selbst

doch wohin
wohin kann ich gehen
wo finde ich
Ruhe
Heilung
Trost

ich muss mich wenden
den Blick von mir wegnehmen
hin zum Herrn
Ihn anschauen
Ihn in den Blick nehmen
und mich von Ihm anziehen lassen

von Ihm, der seit Ewigkeit her
in Liebe und Größe
unverändert ist,
der die Beständigkeit und die Ruhe ist

ich will der Einladung Jesu folgen, wenn er sagt:
kommt alle zu mir, die ihr euch plagt und schwere Lasten zu tragen habt
ich will euch Ruhe verschaffen

Und das dürfen wir jetzt in dieser Stunde:
beim Herrn zur Ruhe kommen.

Wir wollen in Stille da sein bei ihm,
ausruhen beim Herrn.
Wie der Weihrauch zum Himmel steigt,
so drängt unsere Sehnsucht zum Herrn.

Zeit der Stille (etwa 15 Minuten)

Zu Beginn der Stille legt der Verantwortliche schweigend Weihrauchkörner auf die heiße Kohle in der Sandschale.

Gebet

Jesus,

ich komme zu dir
voller Sehnsucht
nach Frieden
und Glück

Sieh meine Grenzen
unüberwindliche Sperren

lähmende Trauer
Wirren des Alltags

du hast
Worte ewigen Lebens
du allein
kannst alles wenden

ich vertraue dir

Amen.

▓ Zeit der Stille (etwa 5 bis 10 Minuten)

▓ Bibelstelle

1 Joh 3, 18–24

Meine Kinder, wir wollen nicht mit Wort und Zunge lieben, sondern in Tat und
Wahrheit.
Daran werden wir erkennen, dass wir aus der Wahrheit sind, und werden unser
Herz in seiner Gegenwart beruhigen. Denn wenn das Herz uns auch verurteilt –
Gott ist größer als unser Herz und er weiß alles. Liebe Brüder (und Schwestern),
wenn das Herz uns aber nicht verurteilt, haben wir gegenüber Gott Zuversicht;
alles, was wir erbitten, empfangen wir von ihm, weil wir seine Gebote halten
und tun, was ihm gefällt. Und das ist sein Gebot: Wir sollen an den Namen
seines Sohnes Jesus Christus glauben und einander lieben, wie es seinem Gebot
entspricht. Wer seine Gebote hält, bleibt in Gott und Gott in ihm. Und dass er in
uns bleibt, erkennen wir an dem Geist, den er uns gegeben hat.

▓ Zeit der Stille (etwa 5 bis 10 Minuten)

▓ Gebet

Gott, Vater im Himmel,

weiter als unsere Sehnsucht,
wer kann dich ermessen?
Größer als unser Herz,
wer kann dich begreifen?
Inniger als unsere Liebe,

wer kann dich erkennen?
Dein Sohn Jesus Christus
ist Weg, Wahrheit und Leben.
Seinen Namen ehren wir.
An ihn wollen wir glauben,
ihm vertrauen.

Amen.

▢ Zeit der Stille (einige Minuten)

▢ Fürbitten

Wir sehen nicht nur unsere eigene Mühe und Last. Menschen, die uns nahe stehen, sehen wir leiden. Wir wissen von Menschen, denen es nicht gut geht. In unseren Bitten wollen wir die bedürftigen und Not leidenden Menschen dem liebenden Gott anvertrauen.

Sei den Menschen nahe, die körperlichen oder seelischen Leiden ausgesetzt sind, und lass ihnen Hilfe zukommen.
Alle: Herr, erhöre unser Gebet.

Nähre die Menschen, die nach dir hungern, mit deinem Wort und Sakrament.
Alle: Herr, erhöre unser Gebet.

Sei bei den jungen Menschen, die nach Orientierung suchen und nach dem Sinn ihres Lebens fragen. Schenke ihnen gute Begleiter auf ihrem Weg.
Alle: Herr, erhöre unser Gebet.

Zeige allen Menschen Wege der Versöhnung und gib ihnen Mut zum Neuanfang.
Alle: Herr, erhöre unser Gebet.

…

Treuer Gott, du hast einen Bund der Liebe mit den Menschen geschlossen. Dein Herz ist größer als unser Herz. So erbitten wir deine Hilfe und Barmherzigkeit durch deinen Sohn Jesus Christus. Amen.

Segen

Falls ein Priester oder Diakon vorsteht:
Lied GL 541 oder 542 mit anschließendem eucharistischem Segen

Falls ein beauftragter Laie vorsteht:
Lied GL 473 Im Frieden dein
mit anschließendem Segensgebet

Der Herr halte seine schützende Hand über uns und unsere Familien.
Er segne, was uns kostbar und lieb ist,
und er sei mit uns auf unseren Wegen.
So segne uns der Frieden stiftende Gott,
der Vater, der Sohn und der Heilige Geist.

Amen.

Marienlob nach der Einsetzung

Lied GL 581, Strophen 1 und 2 Ave Maria klare

Verweilen

▩ Eröffnung

Im Namen des Vaters und des Sohnes und des Heiligen Geistes. Amen.

▩ Lied zur Aussetzung

GL 289 Herr, deine Güt ist unbegrenzt

▩ Aussetzung des Allerheiligsten

durch Priester, Diakon oder einen beauftragten Laien

▩ Impuls

Zeit zur stillen Anbetung
Zeit, einfach vor Gott da zu sein
vor Ihm und bei Ihm
zu verweilen

Was heißt das eigentlich, verweilen?
Verweilen –
eine Weile bleiben
sich einfühlen
sich selbst hineingeben

Können wir noch verweilen?
Oder haben wir das Verweilen in unserer schnelllebigen Zeit verlernt?
Einmal nicht gleich auf die Uhr schauen,
einfach nur da sein.
Die Zeit vergessen,
sich selbst vergessen,
in etwas ganz aufgehen ...

Wie schön ist es,
bei einem Menschen zu verweilen,
der mir zuhört, der mit mir spricht, mich ansieht.

Wie erholsam ist es, in einer Beschäftigung zu verweilen,
die mir Freude macht, beim Singen, Handwerken, Lesen.

Verweilen, das heißt, achtsam sein,
nicht unbedacht an etwas vorüber gehen,
in der Gegenwart sein.

Wer verweilen kann,
der vermag etwas von Gott zu spüren,
wer verweilen kann,
der vermag etwas von Gott zu empfangen,
wer verweilen kann,
der vermag auch etwas von Gott weiterzugeben.

In der Gegenwart Jesu Christi dürfen wir jetzt verweilen.
Wir sind eingeladen,
bei Ihm uns zu bergen,
der uns Leben in Fülle verheißen hat.

▨ Zeit der Stille (etwa 15 bis 30 Minuten)

▨ Bibelstellen zur Auswahl

Ps 36, 6–10
Herr, deine Güte reicht, so weit der Himmel ist, deine Treue, so weit die Wolken
ziehn.
Deine Gerechtigkeit steht wie die Berge Gottes, deine Urteile sind tief wie das
Meer.
Herr, du hilfst Menschen und Tieren.
Gott, wie köstlich ist deine Huld!
Die Menschen bergen sich im Schatten deiner Flügel, sie laben sich am Reich-
tum deines Hauses; du tränkst sie mit dem Strom deiner Wonnen.
Denn bei dir ist die Quelle des Lebens, in deinem Licht schauen wir das Licht.

Oder

Ps 91, 1–4 und 8–16

Wer im Schutz des Höchsten wohnt und ruht im Schatten des Allmächtigen,
der sagt zum Herrn: »Du bist für mich Zuflucht und Burg, mein Gott, dem ich
vertraue.«

Er rettet dich aus der Schlinge des Jägers und aus allem Verderben.

Er beschirmt dich mit seinen Flügeln, unter seinen Schwingen findest du Zuflucht, Schild und Schutz ist dir seine Treue.

Ja, du wirst es sehen mit eigenen Augen, wirst zuschauen, wie den Frevlern vergolten wird.

Denn der Herr ist deine Zuflucht, du hast dir den Höchsten als Schutz erwählt. Dir begegnet kein Unheil, kein Unglück naht deinem Zelt.

Denn er befiehlt seinen Engeln, dich zu behüten auf all deinen Wegen.

Sie tragen dich auf ihren Händen, damit dein Fuß nicht an einen Stein stößt; Du schreitest über Löwen und Nattern, trittst auf Löwen und Drachen.

Weil er an mir hängt, will ich ihn retten; ich will ihn schützen, denn er kennt meinen Namen.

Wenn er mich anruft, dann will ich ihn erhören. Ich bin bei ihm in der Not, befreie ihn und bringe ihn zu Ehren.

Ich sättige ihn mit langem Leben und lasse ihn schauen mein Heil.

▨ Zeit der Stille

▨ Fürbitten

Zu Gott, unserem Vater im Himmel, der sich in Jesus Christus uns geschenkt hat, wollen wir vertrauensvoll beten:

Öffne unser Herz für die Menschen in Not – Du Gott der Armen
Alle: Sei allen Menschen nahe.

Schenke uns ein Gespür für deine Spuren in unserem Leben – Du Gott des Lebens
Alle: Sei allen Menschen nahe.

Lass uns nicht achtlos an der Schöpfung vorübergehen – Du Gott der Fülle
Alle: Sei allen Menschen nahe.

Sei bei uns in unseren Begegnungen, in unserem Tun und in unserem Verweilen – Du Gott der Liebe
Alle: Sei allen Menschen nahe.

Umfange unsere lieben Verstorbenen mit deinem Glanz – Du Gott des Lichts
Alle: Sei allen Menschen nahe.

Gebet

Vater im Himmel,

du hast uns das Leben gegeben
wir sollen es entfalten

du hast uns Gaben geschenkt
wir sollen sie einsetzen

du hast uns Menschen zur Seite gestellt
wir sollen ihnen dienen

erhalte in uns die Sehnsucht
nach Innehalten,
um neu aufbrechen zu können

schenke uns Kraft für unseren Weg
und lass uns Freude finden an der Frucht
die aus dem Verweilen erwächst

dies erbitten wir durch deinen Sohn Jesus Christus

Amen.

Segen

Falls ein Priester oder Diakon vorsteht:
Lied GL 541 oder 542 mit anschließendem eucharistischem Segen

Falls ein beauftragter Laie vorsteht:
Lied GL 300 Solang es Menschen gibt auf Erden
mit anschließendem Segensgebet

Der Herr segne uns und behüte uns,
er lasse sein Angesicht über uns leuchten
und sei uns gnädig.
So segne uns der allmächtige Gott,
der Vater, der Sohn und der Heilige Geist.
Amen.

Marienlob nach der Einsetzung

Lied GL 583 Ave Maria zart

Zeit

Eröffnung

Im Namen des Vaters und des Sohnes und des Heiligen Geistes. Amen.

Lied zur Aussetzung

GL 483: Wir rühmen dich, König der Herrlichkeit

Aussetzung des Allerheiligsten

durch Priester, Diakon oder einen beauftragten Laien

Impuls 1

Wir haben uns Zeit genommen,
hier vor dem Allerheiligsten zu verweilen.
Zeit für den Herrn,
Zeit, in der anderes zurückbleibt und warten muss.
Nichts ist jetzt wichtiger als unsere Zeit,
die wir beim Herrn verbringen und ihm ganz schenken,
ohne Vorbehalte, ohne Bedingungen.
Öffnen wir uns für seine Gegenwart.

Zeit der Stille (einige Minuten)

Impuls 2

Die Menschen haben keine Zeit mehr
hört man immer wieder.
Die Anforderungen im Beruf steigen.
Vorgaben, Termine, Verpflichtungen,
schneller, höher, weiter
selbst die Kinder geraten unter Druck
keine Zeit mehr
ausgebucht
verplant

Früher hatte man mehr Zeit
sagen die Menschen.
Doch wie ist das möglich?
24 Stunden hat der Tag,
das ist gleich geblieben.
An der verfügbaren Zeit kann es also nicht liegen.

Aber wie fülle ich meine Zeit?
Wofür verwende ich sie
und wofür ist sie mir zu schade?
Das ist die Frage.
Es sind Entscheidungen gefordert.
Ich kann nicht alles haben
und nicht alles tun,
denn endlos und unbegrenzt verfügbar ist die Zeit nicht.

Um mir hierüber klar zu werden
bedarf es manchmal
eines Innehaltens
in dem ich mich neu ausrichte
auf das Wesentliche
dem ich meine kostbare Zeit widmen will.

◼ Zeit der Stille (einige Minuten)

◼ Impuls 3

Meine kostbare Zeit …
sie steht mir nicht unbegrenzt zur Verfügung.
Tage gehen
Jahre gehen
Menschen gehen

Was will ich loslassen,
zum Abschluss bringen
oder erst gar nicht anpacken,
um mehr Zeit zu haben für das,
was für mich wesentlich und kostbar ist?

▓ Zeit der Stille (einige Minuten)

▓ Gebet

Vater im Himmel
du unsere Zuversicht
unser Licht und
unser Leben.

Dein ist die Zeit
dein ist die Gegenwart
und dein ist die Ewigkeit.

Lehre uns
innehalten
unterscheiden und
loslassen.

Sei uns Stärke
und Halt
auf unserem Weg
durch deinen Sohn Jesus Christus,
unseren Bruder und Freund.

Amen.

▓ Zeit der Stille (einige Minuten)

▓ Impuls 4

Um mein Leben in einer guten Balance
zwischen Geben und Nehmen zu halten,
zwischen Tun und Sein,
Empfangen und Verschenken,
bedarf es immer wieder der Zeiten,
in denen ich beim Herrn sein kann
einfach so
unverzweckt
ohne Absicht
bei Ihm sein,
der meine Zeit in Händen hält.

Jetzt
ist so eine Zeit
in der ich Ihm einfach
meine Anwesenheit
meine Zeit
mich selbst
schenken kann
wie Maria, die Schwester von Marta und Lazarus,
die Jesus zu Füßen sitzt und ihm zuhört.

Bibelstelle

Lk 10, 38–42: Maria und Marta

Jesus kam in ein Dorf. Eine Frau namens Marta nahm ihn freundlich auf. Sie hatte eine Schwester, die Maria hieß. Maria setzte sich dem Herrn zu Füßen und hörte seinen Worten zu. Marta aber war ganz davon in Anspruch genommen, für ihn zu sorgen. Sie kam zu ihm und sagte: Herr, kümmert es dich nicht, dass meine Schwester die ganze Arbeit mir allein überlässt? Sag ihr doch, sie soll mir helfen! Der Herr antwortete: Marta, Marta, du machst dir viele Sorgen und Mühen. Aber nur eines ist notwendig. Maria hat das Bessere gewählt, das soll ihr nicht genommen werden.

Zeit der Stille (etwa 15 bis 30 Minuten)

Gebet

Guter Jesus,

sein dürfen wie Maria
wie wohl das tut

mich setzen
dich anschauen
dir zuhören
bei dir sein

ich danke dir
dass du da bist

Amen.

▨ Zeit der Stille (einige Minuten)

▨ Fürbitten

Dem Herrn haben wir diese Zeit der Anbetung geschenkt. Er selbst gibt uns die Zeit, wir danken ihm dafür. Zu ihm, der die Zeit in Händen hält, dürfen wir auch mit unseren Bitten kommen:

Öffne die Augen unseres Herzens, damit wir dich in den Begegnungen mit unseren Mitmenschen erkennen.
Alle: Herr, erhöre uns.

Wecke in uns das Verlangen, in Zeiten der Stille und des aufmerksamen Hörens deine Nähe zu entdecken.
Alle: Herr, erhöre uns.

Hilf uns Menschen, unsere kostbare Lebenszeit so einzusetzen, dass deine Liebe sichtbar wird.
Alle: Herr, erhöre uns.

Stärke alle Menschen, die sich um das Wohl der anderen bemühen, und lass nicht zu, dass sie über ihre Kräfte hinaus beansprucht werden.
Alle: Herr, erhöre uns.

Lass die Verstorbenen teilhaben an deinem Hochzeitsmahl.
Alle: Herr, erhöre uns.

Vater im Himmel, du stehst über Zeit und Ewigkeit. Bleibe bei uns an allen Tagen unseres Lebens bis unsere Zeit sich neigt. Darum bitten wir dich, durch deinen Sohn Jesus Christus, unseren Bruder und Freund. Amen.

▨ Segen

Falls ein Priester oder Diakon vorsteht:
Lied GL 541 oder 542 mit anschließendem eucharistischem Segen

Falls ein beauftragter Laie vorsteht:
Lied GL 291: Wer unterm Schutz des Höchsten steht.
mit anschließendem Segensgebet

Der Herr segne uns
mit Zeiten der Erholung und der Freude,
mit Zeiten der Stille und der Kraft.
Er segne uns
in Zeiten der Begegnung und der Einsamkeit,
in Zeiten des Hoffens und des Bangens.
Er segne unsere Lebenszeit.
In jedem Augenblick sei er uns nahe.
So segne uns der allmächtige Gott,
der Vater, der Sohn und der Heilige Geist.

Amen.

Marienlob nach der Einsetzung

Lied GL 595 Maria breit den Mantel aus

Auf Reise gehen

Vorbereitung:
Meditationswort auf Kärtchen auslegen oder verteilen
Gotteslob bereitlegen

Meditationswort

Seid gewiss: Ich bin bei euch alle Tage bis zum Ende der Welt. (Mt 28, 20 b)

Eröffnung

Im Namen des Vaters und des Sohnes und des Heiligen Geistes. Amen.

Lied zur Aussetzung

GL 298 Herr, unser Herr, wie bist du zugegen

Aussetzung des Allerheiligsten

durch Priester, Diakon oder einen beauftragten Laien

Impuls 1

Der Herr ist zugegen,
jetzt und hier.
Unsagbar nah ist Er uns.
Unser Blick richtet sich auf das eucharistische Brot,
das Herz öffnet sich seiner Gegenwart.
Im Schauen auf das Allerheiligste werden wir empfänglich
für Jesus, der den Jüngern sein Mitgehen zugesagt hat
für alle Tage, bis zum Ende der Welt.
Allen, die sich Ihm anvertrauen,
und die ihren Weg nach Ihm richten wollen,
sagt er zu, niemals von ihrer Seite zu weichen.
Er ist bei uns, hier an diesem Ort.
Er ist bei uns, jetzt in dieser Stunde.
Er ist bei uns alle Tage.

▓ Zeit der Stille (einige Minuten)

▓ Impuls 2

Urlaubszeit ist Reisezeit.
Menschen freuen sich auf ihren Urlaub.
Kinder sind beglückt über die Ferien.
Man will neues Terrain betreten,
mal etwas ganz anderes sehen,
Neues kennenlernen.
Manche suchen immer wieder die gleichen Orte auf,
finden Erholung im Vertrauten.

Gehen wir hin und wieder auch auf eine *innere* Reise?
Haben wir den Mut, in unseren Gedanken Räume aufzusuchen,
die wir schon lange nicht mehr besucht haben?

Helle, lichte Räume, die es in mir gibt,
oder Räume, von denen ich bislang nur ahnte, dass sie da sind.
Vielleicht innere Räume tiefer Zufriedenheit,
voller Gelassenheit und Dankbarkeit,
innere Räume,
die voll sind mit Mut, mit Hoffnung,
Unternehmensfreude und Kreativität.

In der Gewissheit, dass Jesus bei uns ist, dürfen wir diesen lebendigen und
hoffnungsfrohen Seiten in uns jetzt Zeit und Zuwendung schenken.
Jesus will, dass wir das Leben entfalten, er will unsere Entwicklung und unsere
tiefe Freude.
Wir sind jetzt eingeladen, mit ihm zusammen auf unserer inneren Reise mit
Freude und Dankbarkeit all das zu betrachten, was sich in unserem Leben trotz
vieler Hemmnisse an Schönem entfaltet.

▓ Zeit der Stille (etwa 10 Minuten)

▓ Impuls 3

Mag sein, dass ich in meiner inneren Reise auch
Räume betrete, die darauf warten, aufgeräumt zu werden,
weil sich manches aufgestaut hat

mit Dingen, die mich belasten,
mit längst vergangenen Situationen, die mir noch nachhängen,
oder mit Erinnerungen an Menschen, denen ich noch nicht verzeihen konnte.

Wir sind dazu eingeladen, uns in der folgenden stillen Zeit
auch diesem inneren Raum in uns zuzuwenden.

Wir gehen auch hier nicht alleine auf die Reise,
wir nehmen einen Begleiter mit,
dem unsere inneren Räume nicht fremd sind:
Jesus, den wir verehren und anbeten.
Mit ihm an der Seite brauchen wir uns nicht zu fürchten,
er schenkt uns sein ganzes Wohlwollen,
seine ganze Zuwendung und Liebe.
Mit Jesus als Begleiter können wir
mit unserer inneren Aufmerksamkeit jeden Raum betreten.
Vielleicht habe ich gerade heute den Mut,
etwas behutsam aus einem dunkleren Winkel meines Herzens hervorzuholen,
was sich dort seit geraumer Zeit oder erst seit Kurzem verbirgt.
Ich darf es gemeinsam mit meinem Begleiter anschauen
und ins Licht halten,
seien es Situationen, die mich belasten,
Ängste, die mir zu schaffen machen,
Menschen, deren Verhalten ich nicht verstehe.
Jesus ist bei uns, er lässt uns nicht allein.
Teilen wir mit ihm alles, was unser Leben ausmacht.

◻ Zeit der Stille (etwa 10 Minuten)

◻ Impuls 4

In uns Menschen wohnt eine Sehnsucht nach Frieden, Harmonie, Glück,
nach vollkommenem Leben, nach Freude und Wohlbefinden.
Wir kennen auch den Wunsch, ganz konkrete Ziele und Vorstellungen zu
erreichen.
In uns gibt es Bedürfnisse, tiefes Verlangen, ja Herzenswünsche.
Manchmal wagen wir nicht, diese Herzenswünsche zuzulassen oder ihnen gar
einen Weg zu bahnen.
Wir sperren sie in eine entlegene Kammer unseres Herzens.

Vielleicht ist es an der Zeit, auch diese Kammer einmal aufzuschließen
und unserem Begleiter unseren innigsten Herzenswunsch zu zeigen und vor ihm
auszusprechen.
Vor ihm brauchen wir nichts zu verbergen.
Er geht liebevoll in jeden Winkel unseres Inneren mit.
Vertrauen wir uns ihm an.

◾ Zeit der Stille (etwa 10 Minuten)

◾ Gebet

Herr Jesus Christus,

öffne unseren Blick
für die tieferen Dimensionen
und die Schönheit unseres Lebens.

Schenke uns Mut,
neue Schritte zu wagen,
Grenzen zu überwinden,
Ungutes zurückzulassen.

An dir wollen wir uns orientieren,
die Dinge mit deinen Augen sehen,
mit dir unseren Weg gehen.

Wir danken dir, Herr,
für deine Nähe.

Amen.

◾ Segen

Falls ein Priester oder Diakon vorsteht:
Lied GL 541 oder 542 mit anschließendem eucharistischem Segen

Falls ein beauftragter Laie vorsteht:
Lied GL 555 Morgenstern der finstern Nacht
mit anschließendem Segensgebet

Der Herr segne uns und behüte uns,
er lasse sein Angesicht über uns leuchten
und sei uns gnädig.
So segne uns der allmächtige Gott,
der Vater, der Sohn und der Heilige Geist.
Amen.

Marienlob nach der Einsetzung

Lied GL 589 Alle Tage sing und sage

Gott erfahren

Vorbereitung

Gotteslob bereitlegen
Sandschale mit heißer Kohle vor den Altar stellen
Weihrauchkörner

Eröffnung

Im Namen des Vaters und des Sohnes und des Heiligen Geistes. Amen.

Lied zur Aussetzung

GL 274 Dich will ich rühmen, Herr und Gott

Aussetzung des Allerheiligsten

durch Priester, Diakon oder einen beauftragten Laien

Impuls 1

Wer ist Gott?
Wo ist er zu finden?
Wie ist Gott?
Fragen
so alt wie die Menschheitsgeschichte

Gott ist dreifaltig
haben wir erfahren
Gott ist der immer Andere
wird uns gesagt
Gott ist die Liebe
hören wir als Annäherung

Mag sein,
dass die höchsten und erhabensten Umschreibungen
immer nur Fragmente bleiben
mag sein,
dass unseren Worten die Ausschließlichkeit fehlt

mag sein,
dass unsere Sprache im Ganzen nicht ausreicht
das Wesen Gottes zu beschreiben.

Unser Unvermögen zu erkennen,
heißt anfangen sich zu öffnen
für die unendliche Weite göttlicher Dimension
mit ihrer Sprache der inneren Berührung.

In der Offenheit für die göttliche Weite
können Menschen sich vom Heiligen berühren lassen
in Situationen der Ohnmacht,
in Zeiten von Krankheit und Leid,
am Sterbebett eines geliebten Menschen.
»Da ist etwas Heiliges in den Raum getreten«,
so lautet manchmal der Versuch, das Unsagbare zu umschreiben.

In der Empfänglichkeit für Gottes Sprache der Berührung
können wir Gott in der Begegnung mit dem Bedürftigen erkennen.
Wir können ihn erfahren in Momenten tiefer Rührung und Ergriffenheit,
in Augenblicken, in denen wir überwältigt werden von heilvollen Wendungen,
die von Menschenhand nicht machbar gewesen wären.

Ja, es gibt diese Momente,
wo Himmel und Erde sich berühren
wo Gottes Gegenwart erfahrbar wird
konkret in meiner Wirklichkeit.

Und wenn mein ganzes Leben
allein darin bestünde
Tag um Tag
aufmerksamer und empfänglicher zu werden
für die Berührbarkeit Gottes,
es hätte höchsten Sinn.

▨ Zeit der Stille (einige Minuten)

Mk 7, 32–35 Heilung eines Taubstummen

Da brachte man einen Taubstummen zu Jesus und bat ihn, er möge ihn berühren. Er nahm ihn beiseite, von der Menge weg, legte ihm die Finger in die Ohren und berührte dann die Zunge des Mannes mit Speichel; danach blickte er zum Himmel auf, seufzte und sagte zu dem Taubstummen: Effata!, das heißt: Öffne dich! Sogleich öffneten sich seine Ohren, seine Zunge wurde von ihrer Fessel befreit und er konnte richtig reden.

Oder

Lk 6, 17–19

Jesus stieg mit den Jüngern den Berg hinab. In der Ebene blieb er mit einer großen Schar seiner Jünger stehen und viele Menschen aus ganz Judäa und Jerusalem und dem Küstengebiet von Tyrus und Sidon strömten herbei. Sie alle wollten ihn hören und von ihren Krankheiten geheilt werden. Auch die von unreinen Geistern Geplagten wurden geheilt. Alle Leute versuchten, ihn zu berühren; denn es ging eine Kraft von ihm aus, die alle heilte.

Oder

Mk 8, 22–26 Die Heilung eines Blinden bei Betsaida

Sie kamen nach Betsaida. Da brachte man einen Blinden zu Jesus und bat ihn, er möge ihn berühren. Er nahm den Blinden bei der Hand, führte ihn vor das Dorf hinaus, bestrich seine Augen mit Speichel, lege ihm die Hände auf und fragte ihn: Siehst du etwas? Der Mann blickte auf und sagte: Ich sehe Menschen; denn ich sehe etwas, das wie Bäume aussieht und umhergeht. Da legte er ihm nochmals die Hände auf die Augen; nun sah der Mann deutlich. Er war geheilt und konnte alles ganz genau sehen. Jesus schickte ihn nach Hause und sagte: Geh aber nicht in das Dorf hinein!

■ Impuls 2

Jesus
ein Mensch der Nähe
ein Mensch, der Berührung zuließ
und einer, der die Suchenden berührte.

Er berührte liebevoll
zärtlich
Heil bringend.
Jesus berührt heute noch
den, der sich ihm öffnet
der ihm vertraut
und an ihn glaubt.
Jesus
lass uns deine Nähe erfahren.

▊ Zeit der Stille (etwa 15 bis 30 Minuten)

Zu Beginn der Stille legt der Verantwortliche Weihrauchkörner schweigend auf die heiße Kohle in der Sandschale.

▊ Fürbitten

Jesus Christus will das Heil aller Menschen. Wie der Weihrauch zum Himmel strebt, so wollen unsere Bitten zu unserem Herrn aufsteigen:

Sieh auf die Menschen, denen es am nötigsten zum Leben fehlt. Bewege die Menschen zum Teilen.
Alle: Wir bitten dich, erhöre uns.

Steh den Kranken bei und stärke sie. Lass sie deine Nähe spüren.
Alle: Wir bitten dich, erhöre uns.

Ermutige die Menschen, durch Worte und Taten von deiner Güte und Menschenfreundlichkeit zu sprechen.
Alle: Wir bitten dich, erhöre uns.

Stärke unser Vertrauen in deine Liebe und festige unseren Glauben an deine heilbringende Auferstehung.
Alle: Wir bitten dich, erhöre uns.

Nimm die Verstorbenen auf in dein Reich, wo sie dich schauen von Angesicht zu Angesicht.
Alle: Wir bitten dich, erhöre uns.

Gebet

Herr, öffne mir die Augen
für deine Gegenwart
lass meinen Blick
dich zu suchen
nicht in die Ferne schweifen

du bist hier
ganz nah
erfahrbar
in meinem Leben

wie ein Freund
an meiner Seite
als einer der mein Heil will
hast du Acht auf mich

du bist mein Segen
Herr – ich danke dir.

Amen.

Segen

Falls ein Priester oder Diakon vorsteht:
Lied GL 541 oder 542 mit anschließendem eucharistischem Segen

Falls ein beauftragter Laie vorsteht:
Lied GL 617 Nahe wollt der Herr uns sein
mit anschließendem Segensgebet

Der Herr segne uns und behüte uns,
er lasse sein Angesicht über uns leuchten
und sei uns gnädig.
So segne uns der allmächtige Gott,
der Vater, der Sohn und der Heilige Geist. – Amen.

Marienlob nach der Einsetzung

Lied GL 582 O Maria, sei gegrüßt

Von Ihm angenommen

Eröffnung

Im Namen des Vaters und des Sohnes und des Heiligen Geistes. Amen.

Lied zur Aussetzung

GL 546 Gottheit tief verborgen

Aussetzung des Allerheiligsten

durch Priester, Diakon oder einen beauftragten Laien

Impuls

Ich habe mich aufgemacht
und bin hierher gekommen
in diese Zeit der stillen Anbetung
mit einem Ziel
einem Wunsch
einem Anliegen.

Vielleicht bin ich gekommen
um einen ganzen Berg voller Sorgen abzuladen,
oder um Fragen zu stellen,
auf die ich endlich eine Antwort erhalten will.

Vielleicht habe ich einen innigen Wunsch,
möchte für einen Menschen in Not oder
für eine wichtige Unternehmung bitten.

Oder ich bin einfach hier,
weil ich zur Ruhe kommen will
im Wissen darum, dass einer da ist
der will, dass es mir gut geht und
der will, dass ich mich nicht über meine Kräfte hinaus verausgabe,
einer, der mir zugesteht,
dass ich eine Pause machen darf,
einer, der mir seine Liebe schenkt

unabhängig von Leistung, Erfolg und Schönheit.

Hier ist einer, der mich annimmt,
so wie ich bin
und der weiß,
welche Sorgen auf mir lasten und was mich quält.

Alles hat Platz im persönlichen Zwiegespräch mit Jesus.
Nichts muss ausgeschlossen, nichts verdrängt oder versteckt werden.

Wie wohltuend, nichts beschönigen zu müssen,
und wie erleichternd, nichts in Worte fassen zu müssen.

Ich darf mich in Jesu liebenden Blick begeben,
mich selbst hinein halten mit allem, was zu meiner Existenz gehört.
Ich darf in seiner Nähe verweilen.

▨ Zeit der Stille (etwa 15 bis 30 Minuten)

▨ Gebet

Vater im Himmel

vor dir darf ich sein
mit Fragen und Zweifeln
mit Angst und Sorge
mit allem, was ist.

Du weißt,
was Not tut
du weißt
was fehlt.

Du kennst für alles
den richtigen Weg und
den richtigen Zeitpunkt

Schenke mir
Geduld, Vertrauen und ein frohes Herz.
Das erbitte ich durch Christus, unseren Bruder und Herrn.

Amen.

Ez 11, 17–20

So spricht Gott, der Herr: Ich führe euch aus allen Völkern zusammen, sammle euch aus den Ländern, in die ihr zerstreut seid, und gebe euch das Land Israel. Und sie werden dorthin kommen und alle ihre abscheulichen Götzen aus dem Land entfernen. Ich schenke ihnen ein anderes Herz und schenke ihnen einen neuen Geist. Ich nehme das Herz von Stein aus ihrer Brust und gebe ihnen ein Herz von Fleisch, damit sie nach meinen Gesetzen leben und auf meine Rechtsvorschriften achten und sie erfüllen. Sie werden mein Volk sein und ich werde ihr Gott sein.

Oder

Phil 4, 6–7

Sorgt euch um nichts, sondern bringt in jeder Lage betend und flehend eure Bitten mit Dank vor Gott! Und der Friede Gottes, der alles Verstehen übersteigt, wird eure Herzen und eure Gedanken in der Gemeinschaft mit Christus Jesus bewahren.

■ Zeit der Stille

■ Fürbitten

In unser Dasein vor dem Herrn fließen auch die Anliegen der Menschen mit hinein, mit denen wir uns verbunden wissen. Die Not unserer Mitmenschen ist uns nicht gleichgültig. Zu Jesus Christus, dem die Menschen am Herzen liegen, dürfen wir voll Zuversicht unsere Bitten sprechen:

Wir bringen dir die Menschen, die in Angst und Sorge leben.
Alle: Schenke ihnen deinen Frieden.

Wir beten für die Menschen, die von Krieg oder Katastrophen heimgesucht werden.
Alle: Schenke ihnen deinen Frieden.

Wir bitten dich für die Menschen, die sich nach Liebe und Geborgenheit sehnen.
Alle: Schenke ihnen deinen Frieden.

Wir legen dir die Menschen ans Herz, die um einen lieben Angehörigen trauern.
Alle: Schenke ihnen deinen Frieden.

Wir empfehlen deiner Liebe und Güte alle, die heimgegangen sind zum Vater.
Alle: Schenke ihnen deinen Frieden.

Herr Jesus Christus, durch deine Gegenwart stärke unser Vertrauen und festige unsere Hoffnung. Wir danken dir, dass du uns annimmst als deine Töchter und Söhne. Amen.

Segen

Falls ein Priester oder Diakon vorsteht:
Lied GL 541 oder 542 mit anschließendem eucharistischem Segen

Falls ein beauftragter Laie vorsteht:
Lied GL 266 Nun danket alle Gott
mit anschließendem Segensgebet

Der Herr segne uns und behüte uns,
er lasse sein Angesicht über uns leuchten
und sei uns gnädig.
So segne uns der allmächtige Gott,
der Vater, der Sohn und der Heilige Geist.
Amen.

Marienlob nach der Einsetzung

Lied GL 586 Gruß dir, Mutter

Jesus und der Vater

Vorbereitung

Meditationswort auf Kärtchen auslegen oder verteilen
Gotteslob bereitlegen

Meditationswort

Ich bin der Weg, die Wahrheit und das Leben; niemand kommt zum Vater außer durch mich. (Joh 14, 6)

Eröffnung

Im Namen des Vaters und des Sohnes und des Heiligen Geistes. Amen.

Lied zur Aussetzung

GL Nr. 546, Strophen 1, 2 und 7 Gottheit tief verborgen

Aussetzung des Allerheiligsten

durch Priester, Diakon oder einen beauftragten Laien

Impuls

Wir sind vor dem Allerheiligsten versammelt.
Unser Blick richtet sich auf den, der im Zeichen des eucharistischen Brotes unter uns gegenwärtig ist,
Jesus Christus.
Als sichtbares Zeichen der Liebe Gottes ist er Mensch geworden,
um uns nahe zu sein,
mitten unter uns zu sein,
uns zu heilen und zu erlösen
von Schuld, Sünde, Last, Gebrechen und Tod.

Unser Blick richtet sich auf den, der ganz Gott und ganz Mensch ist.
»Ich und der Vater sind eins«, so ist uns von Jesus im Johannesevangelium überliefert. Und weiter heißt es dort: »... dann werdet ihr erkennen und einsehen, dass in mir der Vater ist und ich im Vater bin.«

»Niemand kommt zum Vater, außer durch mich.«
Diese Worte Jesu sind nicht einfach zu verstehen. Sie bedürfen immer wieder des aufmerksamen und liebenden Erwägens.
Wie innig mag diese Verbindung zwischen dem irdischen Jesus und seinem Abba, dem liebenden und geliebten Vater im Himmel, gewesen sein.
Jesus und der Vater – einander ganz zugetan, in zärtlicher Liebe vollkommen zugewandt, treu bis zur letzten Konsequenz.

Zeit der Stille (einige Minuten)

Jesus lebte aus der Beziehung zum Vater, schöpfte aus der unendlichen Liebesquelle, um sich selbst an die Menschen zu verschenken in grenzenloser Hingabe.
Jesus, der Mensch gewordene Sohn Gottes, ist unser Zugang zum Vater im Himmel.
Auf ihn und sein Leben sollen und können wir schauen.
Welch ein Mensch war dieser Jesus. Was war ihm wichtig?
Wie hat er gesprochen? Gehandelt? Wann zog er es vor zu schweigen?
Wie ist er mit Menschen umgegangen? Was hat er gemieden?
Wie auch immer sich Jesus verhielt, wohin er auch unterwegs war,
unablässig war er mit seinem Vater im Himmel innigst verbunden.
Jesus spricht auch zu uns.
Heute.
Jetzt.

Indem wir unseren Blick auf die Gestalt des eucharistischen Brotes richten, haben wir Jesus vor Augen und durch ihn sind wir mit dem Vater im Himmel verbunden.
Jesus vor Augen zu haben, bedeutet,
sich zu ihm zu bekennen,
von ihm lernen zu wollen und
sich von ihm leiten zu lassen.
Im Schauen auf ihn möge er Einfluss nehmen auf unser Menschsein und unser Leben wandeln.

Zeit der Stille (etwa 15 bis 30 Minuten)

■ Bibelstellen zur Auswahl

Joh 14, 6–11

Jesus sagte zu Thomas: Ich bin der Weg und die Wahrheit und das Leben; niemand kommt zum Vater außer durch mich. Wenn ihr mich erkannt habt, werdet ihr auch meinen Vater erkennen. Schon jetzt kennt ihr ihn und habt ihn gesehen. Philippus sagte zu ihm: Herr, zeig uns den Vater; das genügt uns. Jesus antwortete ihm: Schon so lange bin ich bei euch und du hast mich nicht erkannt, Philippus? Wer mich gesehen hat, hat den Vater gesehen. Wie kannst du sagen: Zeig uns den Vater? Glaubst du nicht, dass ich im Vater bin und dass der Vater in mir ist? Die Worte, die ich zu euch sage, habe ich nicht aus mir selbst. Der Vater, der in mir bleibt, vollbringt seine Werke. Glaubt mir doch, dass ich im Vater bin und dass der Vater in mir ist; wenn nicht, glaubt wenigstens aufgrund der Werke!

Oder

Mt 10, 32–33

Wer sich vor den Menschen zu mir bekennt, zu dem werde auch ich mich vor meinem Vater im Himmel bekennen. Wer mich aber vor den Menschen verleugnet, den werde auch ich vor meinem Vater im Himmel verleugnen.

Oder

Mk 9, 7

Da kam eine Wolke und warf ihren Schatten auf sie, und aus der Wolke rief eine Stimme: Das ist mein geliebter Sohn; auf ihn sollt ihr hören.

■ Zeit der Stille (einige Minuten)

■ Gebet

Jesus

Weg, Wahrheit und Leben
Du im Vater
Er in dir
Lass mich tiefer verstehen
deine Worte und dein Schweigen

deine Menschenfreundlichkeit und dein Mitleiden
deine Liebe und dich selbst.

Dir sei Ehre und Lob.

Amen.

░ Zeit der Stille (einige Minuten)

░ Fürbitten

Gepriesen sei Jesus Christus, der in Einheit mit dem Vater lebt. Zu ihm lasst uns voll Vertrauen beten:

Leite die Verantwortlichen in Staat, Kirche und Gesellschaft und lass ihre Entscheidungen von deinem Geist geprägt sein.
Alle: Höre uns, Christus.

Wecke in den Menschen die Sehnsucht, dir nachzufolgen, auf deine Worte zu hören und nach deinem Vorbild zu leben.
Alle: Höre uns, Christus.

Mache die Menschen empfänglich für die befreiende Botschaft des Evangeliums.
Alle: Höre uns, Christus.

Lass alle Menschen teilhaben an der göttlichen Liebe und führe sie einst zur himmlischen Gemeinschaft mit dir.
Alle: Höre uns, Christus.

...

Vater im Himmel, in deinem geliebten Sohn Jesus Christus hast du uns ein Beispiel des Lebens gegeben. Auf ihn wollen wir hören, ihm wollen wir glauben. Dank sei dir. Amen.

░ Segen

Falls ein Priester oder Diakon vorsteht:
Lied GL 541 oder 542 mit anschließendem eucharistischem Segen

Falls ein beauftragter Laie vorsteht:
Lied GL 634, Strophen 1, 2 und 5 Dank sei dir, Vater
mit anschließendem Segensgebet

Der Herr segne uns,
er begleite uns bei all unserem Tun.
Er schenke uns seine zärtliche Liebe
und sei bei Tag und bei Nacht
an unserer Seite.
So segne uns und alle, die wir im Herzen tragen,
der allmächtige Gott,
der Vater, der Sohn und der Heilige Geist.
Amen.

▓ Marienlob nach der Einsetzung

Lied GL 594, Strophen 1, 2 und 5 Maria, dich lieben

Bitte, Dank und Lobpreis

Vorbereitung

Gotteslob bereitlegen
Sandschale mit heißer Kohle vor den Altar stellen
Weihrauchkörner

Eröffnung

Im Namen des Vaters und des Sohnes und des Heiligen Geistes. Amen.

Lied zur Aussetzung

GL 544 Strophen 4 und 5 Das Geheimnis lasst uns künden (kann auch auf die
Melodie von GL 541 gesungen werden)

Aussetzung des Allerheiligsten

durch Priester, Diakon oder einen beauftragten Laien

Impuls 1 – Bitte

Wir sind zur eucharistischen Anbetung zusammengekommen.
Wir wollen den Herrn, der im eucharistischen Brot gegenwärtig ist,
ehren, ihn preisen und anbeten.

Was wir in unserem Herzen mitgebracht haben,
darf ausgebreitet werden vor ihm.
Was uns beschäftigt, muss nicht verdrängt werden.
Mit Unruhe oder Gelassenheit
dürfen wir da sein,
mit Freude oder Traurigkeit
dürfen wir da sein,
mit allem, was zu unserem Leben und zu unserem Menschsein gehört,
dürfen wir jetzt da sein vor ihm.
Vor ihm muss nichts versteckt werden,
nichts heruntergespielt und nichts beschönigt werden.
Wir dürfen sein wie wir sind.

Öffnen wir unser Herz, um jetzt ganz da sein zu können,
bereit zu werden für die Begegnung mit dem Herrn.
Wir wollen dazu einige Minuten Stille halten.

▨ Zeit der Stille (einige Minuten)

Der Herr, der für uns und alle Menschen nur Gutes will,
weil er selbst der vollkommen Gute ist,
er ist uns ganz zugewandt.
Menschen, die uns wichtig sind,
und Menschen, um die wir uns sorgen,
dürfen wir ihm hinhalten,
damit er an ihnen Gutes bewirke.
Menschen, die uns heute begegnet sind,
können wir ihm bringen mit dem, was sie bewegt.
Menschen, die uns gerade jetzt in den Sinn kommen,
dürfen wir ihm anvertrauen,
ihm ans Herz legen
im Vertrauen darauf, dass jeder Mensch ihm wertvoll ist.
Wir müssen nichts in Worte fassen,
wir brauchen keine Erklärungen zu formulieren.
Gott weiß um jeden einzelnen Menschen.

Nehmen wir uns eine längere Zeit der Stille,
um die Menschen, die uns am Herzen liegen, dem Herrn anzuvertrauen.

Wie der Weihrauch zum Himmel steigt, so steige unser Gebet zum Herrn.

▨ Zeit der Stille (etwa 10 Minuten)

Zu Beginn der Stille legt der Verantwortliche schweigend Weihrauchkörner auf
die heiße Kohle in der Sandschale.

▨ Gebet

Herr Jesus Christus,
du weißt um uns.
Du kennst unser Herz.
Du weinst mit den Traurigen
und freust dich mit den Lachenden,

du bist ein Mitfühlender.
Sei allen Menschen nahe,
die Sehnsucht nach dir haben,
ob sie darum wissen oder nicht.

Amen.

Impuls 2 – Dank

»Sorgt euch um nichts, sondern bringt in jeder Lage eure Bitten mit Dank vor Gott«, so schreibt Paulus im Brief an die Philipper.
Unsere Bitten dürfen, ja sollen wir vor Gott bringen.
Dabei mahnt Paulus, den Dank nicht zu vergessen.
Es ist oft nicht leicht, in Situationen von Bedrängnis und Not noch Dankbarkeit zu empfinden.
Vieles aber, ja unendlich vieles, gibt mir Grund, dankbar zu sein.
Wir wollen uns Zeit nehmen, das, wofür wir Gott danken wollen, da sein zu lassen, seien es Gegebenheiten, Menschen, Begegnungen, Geschenke, Entwicklungen, Wendungen.
Unser Herz darf sich freuen und jubeln über Großes und Kleines, Besonderes und Unscheinbares.
Wo Gutes geschieht, da ist Gott.
Was von Liebe durchdrungen ist, erzählt von ihm.
Dankbar dürfen wir uns an seinen Gaben erfreuen.

Zeit der Stille (etwa 10 Minuten)

Gebet

Herr Jesus Christus,
das Gute im Leben
das Gelingende
und Schöne
allzu leicht
gerät es aus dem Blick
und erscheint wie selbstverständlich
dankbar sehen wir neu
was uns geschenkt
und wissen

es kommt
aus deiner Hand
wir danken dir

Amen.

▨ Impuls 3 – Lobpreis

Wenn Dankbarkeit unser Inneres erfüllt, wird unser Herz weit.
Dankbarkeit lässt uns aufatmen.
Freude kann sich ausbreiten.
Ein dankbares Herz weiß um den Geber des Guten,
den Urheber alles Geschöpflichen
und den Grund unseres Seins.
Ein gläubiger Mensch weiß um das Du Gottes und seine Größe.
Er kann nur staunend sich ihm zuwenden
und einstimmen in den Lobgesang.
Die Freude über die Größe des Herrn und seine Gegenwart erfülle uns durch
und durch.
Lassen wir den Jubel in unserem Herzen zu. Viel zu oft wird er zugedeckt und
zum Verstummen gezwungen.
Schwingen wir ein in ein freudiges Staunen über die Größe und Güte unseres
Gottes.

▨ Zeit der Stille (etwa 10 Minuten)

▨ Gebet

Herr Jesus Christus
wir schauen auf dich
mit dankbarem Herzen
staunend verweilen wir vor dir
Bitte und Dank münden ein
in den Lobgesang unseres Herzens
einschwingend in den Klang deiner Gegenwart
Lobpreis und Ehre und Dank sei dir
Herr Jesus Christus
Amen.

Segen

Falls ein Priester oder Diakon vorsteht:
Lied GL 541 oder 542 mit anschließendem eucharistischem Segen

Falls ein beauftragter Laie vorsteht:
Lied GL 277 Singet, danket unserm Gott
mit anschließendem Segensgebet

Der Herr,
der unsere Freude und unsere Not kennt,
der uns Gutes gewähren und
dessen Liebe unsere Herzen berühren will,
sei mit uns an allen Tagen unseres Lebens.
So segne uns der gebende und mitfühlende Gott
der Vater, der Sohn und der Heilige Geist.
Amen.

Marienlob nach der Einsetzung

Lied GL 570 Salve Regina

Da sein für andere

Vorbereitung

Gotteslob bereitlegen
Sandschale mit heißer Kohle vor den Altar stellen
Weihrauchkörner

Eröffnung

Im Namen des Vaters und des Sohnes und des Heiligen Geistes. Amen.

Lied zur Aussetzung

GL 537 Beim letzten Abendmahle

Aussetzung des Allerheiligsten

durch Priester, Diakon oder einen beauftragten Laien

Impuls 1

»Damit ihr nie vergesset, was meine Liebe tut.«
So haben wir im Lied gesungen (GL 537, 2. Strophe).
Als Vermächtnis der Liebe Jesu ist uns die Eucharistie geschenkt.
In ihr erinnern wir uns an das Geschehen im Abendmahlsaal, ja mehr noch:
In der Eucharistiefeier geschieht die Vergegenwärtigung jenes Ereignisses.

Was Jesus aus Liebe damals den Menschen tat, das tut er auch uns.
Was er damals zu den Menschen sprach, das spricht er auch zu uns.
Wir sollen nie vergessen, was seine Liebe bewirkt.
Nehmen wir uns einige Minuten Zeit, um mit unseren Gedanken in den Abend-
mahlsaal einzutreten und uns einzureihen in die Gemeinschaft der Jünger am
Tisch, wo Jesus ihnen das Brot reicht.

Zeit der Stille (einige Minuten)

■ Impuls 2

Am Abend, als Jesus mit seinen Jüngern zum Mahl versammelt war, »stand er
vom Mahl auf, legte sein Gewand ab und gürtete sich mit einem Leinentuch.
Dann goss er Wasser in eine Schüssel und begann, den Jüngern die Füße zu
waschen« (Joh 13, 4–5). Als er diesen Liebesdienst beendet hatte, sprach er zu
ihnen: »Wenn nun ich, der Herr und Meister, euch die Füße gewaschen habe,
dann müsst auch ihr einander die Füße waschen. Ich habe euch ein Beispiel
gegeben, damit auch ihr so handelt, wie ich an euch gehandelt habe.« (Joh
13, 14–15)

Jesus ist uns Vorbild im Denken, im Reden, im Handeln. Er hat uns ein Beispiel
gegeben.
Wie schwer fällt es uns oft, urteilsfrei über andere Menschen zu denken.
Wie schnell sind wir dabei, Worte zu gebrauchen, die anderen weh tun, oder zu
schweigen, wo wir die Stimme für Gerechtigkeit und Frieden erheben müssten.
Und wie oft handeln wir aus Eigennutz oder bleiben untätig, wo unser Einsatz
gefordert wäre.

Jesus, der im eucharistischen Brot gegenwärtig ist, bitten wir, uns heute wieder
neu die Augen zu öffnen für die Menschen, mit denen wir das Leben teilen, für
die Menschen, denen wir begegnen.
Wir bitten ihn, dass er unsere Gedanken lenke, uns zum rechten Wort für die
Mitmenschen anleite, und dass wir uns in unserem Handeln mit seiner Hilfe
wieder neu an seinem Beispiel orientieren.
Er selbst helfe uns, den Mitmenschen in Liebe und Güte zu begegnen.

■ Zeit der Stille (einige Minuten)

■ Impuls 3

Unser Dasein in der Gegenwart des Herrn ist stets auch ein Dasein für andere.
Wir tragen Menschen im Herzen, die mit uns in Verbindung stehen.
In der Stille wollen wir unsere Mitmenschen vor den Herrn bringen, sie seiner
Liebe anvertrauen.
Der Weihrauch symbolisiert unser Gebet, das zu Gott emporsteigt.

*Der Verantwortliche legt Weihrauchkörner schweigend auf die heiße Kohle in der
Sandschale.*

Wir wollen beten für unsere Familien, unsere Kinder und Enkelkinder, unsere Freunde und Geschwister, unsere Eltern, unsere Vorfahren.
In einer weiteren stillen Zeit dürfen wir sie unserem Herrn anvertrauen. Er weiß um die Bedürfnisse eines jeden von ihnen.
Er sei ihnen nahe und führe sie auf einem guten Weg.
Jenen, die uns im Tod vorausgegangen sind, schenke der Herr Leben in Fülle.

▨ Zeit der Stille

▨ Impuls 4

Der Liebe Jesu wollen wir die Menschen anvertrauen, die in unserer Stadt / in unserem Dorf leben. Es gibt Menschen, die nicht mehr beten können, die nicht mehr an Gott glauben können, Menschen, die nach dem Sinn ihres Lebens fragen, Menschen ohne Arbeit, Menschen, die unter Einsamkeit leiden, Menschen, die in Unfriede leben, verbitterte Menschen, suchende Menschen, Kranke, Trauernde, Ängstliche, Hoffnungslose, …
Wir wollen sie im stillen Gebet dem Herrn bringen.

▨ Zeit der Stille

▨ Impuls 5

Jesus, dessen Macht die Liebe ist, bitten wir für alle, die Verantwortung tragen in Politik, Wirtschaft, Kirche und Gesellschaft. Er möge ihnen helfen, ihre Macht so einzusetzen, dass die Welt reicher wird an Gerechtigkeit, Frieden und Liebe. Ihre Entscheidungen mögen vom Geist Jesu geleitet sein und den Menschen stets zum Wohle gereichen.

▨ Zeit der Stille

▨ Impuls 6

Wir denken an die Brüder und Schwestern, die leiden an Leib oder Seele. Für sie bitten wir den Herrn um seinen Beistand. Er möge ihnen Heilung schenken, sie seine Nähe spüren lassen in Stunden der Angst und des Schmerzes. Wie Jesus einst vor allem zu den armen und kranken Menschen gesandt war, so möge er die Leidenden auch heute berühren, damit ihnen Kraft zuteil wird.

■ Zeit der Stille

■ Impuls 7

In Stille beten wir für die Menschen, die dem Tod nahe sind, ob sie darum wissen oder nicht. Der Herr möge ihnen seine Nähe schenken und sie in Frieden heimgeleiten. Seine Barmherzigkeit werde allen zuteil.
Den Verstorbenen schenke der Herr die Fülle des Lichts. Er umfange sie mit seiner Liebe und nehme sie auf in seine Geborgenheit.

■ Zeit der Stille

■ Impuls 8

Eine abschließende Gebetsstille können wir unseren besonderen Anliegen widmen, die wir mit hierhergebracht haben. Wir dürfen uns dabei getragen wissen von der Gemeinschaft der Betenden, die im Glauben an Tod und Auferstehung Jesu Christi einander zur Stärke und zum Halt wird.

■ Zeit der Stille

■ Lied

GL 620 Das Weizenkorn muss sterben

■ Gebet

Herr Jesus,
du hast uns ein Beispiel gegeben
auf dich wollen wir schauen.
Du hast dich für andere niedergebückt
lass auch uns einander dienen.
Dein Antrieb war die Liebe
hilf uns, es dir gleichzutun.
Nimm an unsere Bitten für die Menschen in Not
und erweise ihnen deine Hilfe.
Wir danken dir dafür.

Amen.

■ Segen

Falls ein Priester oder Diakon vorsteht:
Lied GL 541 oder 542 mit anschließendem eucharistischem Segen

Falls ein beauftragter Laie vorsteht:
Lied GL 559 Mein schönste Zier
mit anschließendem Segensgebet

Es segne uns der Herr,
der den Jüngern zum Diener wurde.
Es segne uns der Herr,
der ein Herz für die Armen hat.
Es segne uns der Herr,
dessen Macht die Liebe ist.
Sein Segen komme auf uns herab
und werde durch uns auch anderen zum Segen.
Das gewähre uns der gütige Gott,
der Vater, der Sohn und der Heilige Geist.
Amen.

■ Marienlob nach der Einsetzung

Lied GL 577 Maria, Mutter unseres Herrn

Ausgerichtet auf den Herrn

(Das Modell ist auch für die Weihnachtszeit geeignet.)

Eröffnung

Im Namen des Vaters und des Sohnes und des Heiligen Geistes. Amen.

Lied zur Aussetzung

GL 272 Singt das Lied der Freude über Gott!
(in der Weihnachtszeit: GL 143 Nun freut euch, ihr Christen)

Aussetzung des Allerheiligsten

durch Priester, Diakon oder einen beauftragten Laien

Bibelstelle

Lk 2, 25–38

In Jerusalem lebte damals ein Mann namens Simeon. Er war gerecht und fromm und wartete auf die Rettung Israels und der Heilige Geist ruhte auf ihm. Vom Heiligen Geist war ihm offenbart worden, er werde den Tod nicht schauen, ehe er den Messias des Herrn gesehen habe. Jetzt wurde er vom Geist in den Tempel geführt; und als die Eltern Jesus hereinbrachten, um zu erfüllen, was nach dem Gesetz üblich war, nahm Simeon das Kind in seine Arme und pries Gott mit den Worten:
Nun lässt du, Herr, deinen Knecht, wie du gesagt hast, in Frieden scheiden.
Denn meine Augen haben das Heil gesehen, das du vor allen Völkern bereitet hast,
ein Licht, das die Heiden erleuchtet, und Herrlichkeit für dein Volk Israel.
Sein Vater und seine Mutter staunten über die Worte, die über Jesus gesagt wurden. Und Simeon segnete sie und sagte zu Maria, der Mutter Jesu: Dieser ist dazu bestimmt, dass in Israel viele durch ihn zu Fall kommen und viele aufgerichtet werden, und er wird ein Zeichen sein, dem widersprochen wird. Dadurch sollen die Gedanken vieler Menschen offenbar werden. Dir selbst aber wird ein Schwert durch die Seele dringen.

Damals lebte auch eine Prophetin namens Hanna, eine Tochter Penuels, aus dem Stamm Ascher. Sie war schon hochbetagt. Als junges Mädchen hatte sie geheiratet und sieben Jahre mit ihrem Mann gelebt; nun war sie eine Witwe von vierundachtzig Jahren. Sie hielt sich ständig im Tempel auf und diente Gott Tag und Nacht mit Fasten und Beten. In diesem Augenblick nun trat sie hinzu, pries Gott und sprach über das Kind zu allen, die auf die Erlösung Jerusalems warteten.

▨ Zeit der Stille (einige Minuten)

▨ Impuls 1

Simeon
auf diesen Augenblick hat er lange gewartet
ein ganzes Leben lang
in innerer Gewissheit, dass sich erfüllen wird,
was der Heilige Geist verheißen hat
er verpasst nicht den entscheidenden Moment
denn sein Leben ist ausgerichtet auf diese Begegnung
alles in seinem gerechten und frommen Leben ist hingeordnet
auf das Kommen des Erlösers
auf die Begegnung, die Simeon den Frieden bringt

▨ Zeit der Stille (einige Minuten)

▨ Impuls 2

Hanna
diente Gott Tag und Nacht
sie hielt sich ständig im Tempel auf
am heiligen Ort
sie ist aufmerksam und offen für das Geschehen
sie verpasst nicht den entscheidenden Moment
weil ihr ganzes Leben hingeordnet ist auf den Erlöser
sie ist anwesend
und bereit, hinzuzutreten

▨ Zeit der Stille (einige Minuten)

Impuls 3

Wann bin ich bereit für die Begegnung mit dem Herrn?
Gelegentlich, wann es mir passt?
An bedeutenden Tagen?
In Situationen, in denen ich nicht mehr weiterweiß?
In Augenblicken, die ich selbst bestimme?

Ich will mich ganz auf ihn ausrichten,
bereit sein für ihn,
aufmerksam
denn in allen Augenblicken
kann er mir begegnen
in Menschen
in der Schöpfung
in der Stille
unerwartet
anders

Er soll mich
wachen Herzens finden.

Zeit der Stille (etwa 15 bis 30 Minuten)

Fürbitten

Wir wollen beten zu Christus, dem Sohn des lebendigen Gottes, der menschliche Gestalt angenommen hat:

Für alle Menschen, die ihr Leben ganz in den Dienst der Nachfolge Jesu gestellt haben – lass sie treu zu ihrer Entscheidung stehen.
Christus, höre uns.
Alle: Christus, erhöre uns.

Für alle Menschen, die nicht mehr glauben können – umfange sie in deiner Liebe und berühre ihr Herz.
Christus, höre uns.
Alle: Christus, erhöre uns.

Für alle Menschen, die gedankenlos in den Tag leben – lass sie zu einem sinnerfüllten Leben gelangen.

Christus, höre uns.
Alle: Christus, erhöre uns.

Für alle Menschen, die in die Nacht der Verzweiflung geraten sind – sei bei ihnen und zeige ihnen Wege aus ihrem Dunkel.
Christus, höre uns.
Alle: Christus, erhöre uns.

Für alle Menschen, die dem Tod nahe sind – lass sie in deinen Frieden heimkehren.
Christus, höre uns.
Alle: Christus, erhöre uns.

Vater im Himmel, die Menschwerdung deines Sohnes hat der Welt das Heil gebracht. Mit Simeon und Hanna preisen wir deine Herrlichkeit, durch Christus, unsern Herrn. Amen.

Segen

Falls ein Priester oder Diakon vorsteht:
Lied GL 541 oder 542 mit anschließendem eucharistischem Segen

Falls ein beauftragter Laie vorsteht:
Lied GL 289 Herr, deine Güt ist unbegrenzt
(in der Weihnachtszeit: GL 140 Zu Bethlehem geboren)
mit anschließendem Segensgebet

Herr
segne mein Warten
segne meinen guten Willen
segne meine Neuanfänge
damit ich mein Leben immer mehr
auf dich hin lebe.
Amen.

Marienlob nach der Einsetzung

Lied GL 583 Ave Maria zart
(In der Weihnachtszeit: GL 132 Es ist ein Ros entsprungen)

III. Anbetungsstunden –
Durch das Kirchenjahr

Warten (Advent)

▨ Impuls

Aus Höflichkeit warten
aus Pflichtbewusstsein
Angst
Bequemlichkeit
oder gar
aus Feigheit

hilflos wartend
fürsorglich oder
unruhig wartend

schweigend warten
vielleicht bangend
widerstrebend warten

Mit Warten verbinden wir vielfältige Gefühle.

Der Advent – eine Zeit des Wartens?

Ja

Warten
in neuer Qualität
warten und gehen zugleich
erwarten und erwartet werden   *Weeleri*
                                GL 112
Advent   *806*
fähig werden und bereit
zur Begegnung

                                Nr. 41 unterwegs
                                103   "
▨ Zeit der Stille (etwa 15 bis 30 Minuten)

                                Werkbuch S. 13
▨ Bibelstellen zur Auswahl   *" S. 161*
                                Fürbitten Werkbuch S. 12
Jes 9, 1–6

Das Volk, das im Dunkel lebt, sieht ein helles Licht;
über denen, die im Land der Finsternis wohnen, strahlt ein Licht auf.
Du erregst lauten Jubel und schenkst große Freude.

Man freut sich in deiner Nähe, wie man sich freut bei der Ernte, wie man jubelt, wenn Beute verteilt wird.

Denn wie am Tag von Midian zerbrichst du das drückende Joch, das Tragholz auf unserer Schulter und den Stock des Treibers.

Jeder Stiefel, der dröhnend daherstampft, jeder Mantel, der mit Blut befleckt ist, wird verbrannt, wird ein Fraß des Feuers.

Denn uns ist ein Kind geboren, ein Sohn ist uns geschenkt.

Die Herrschaft liegt auf seiner Schulter; man nennt ihn: Wunderbarer Ratgeber, Starker Gott, Vater in Ewigkeit, Fürst des Friedens.

Oder

Jes 11, 1–10

Doch aus dem Baumstumpf Isais wächst ein Reis hervor, ein junger Trieb aus seinen Wurzeln bringt Frucht.

Der Geist des Herrn lässt sich nieder auf ihm: der Geist der Weisheit und der Einsicht,

der Geist des Rates und der Stärke, der Geist der Erkenntnis und der Gottesfurcht.

Er richtet nicht nach dem Augenschein und nicht nur nach dem Hörensagen entscheidet er,

sondern er richtet die Hilflosen gerecht und entscheidet für die Armen des Landes, wie es recht ist.

Er schlägt den Gewalttätigen mit dem Stock seines Wortes und tötet den Schuldigen mit dem Hauch seines Mundes.

Gerechtigkeit ist der Gürtel um seine Hüften, Treue der Gürtel um seinen Leib.

Dann wohnt der Wolf beim Lamm, der Panther liegt beim Böcklein.

Kalb und Löwe weiden zusammen, ein kleiner Knabe kann sie hüten.

Kuh und Bärin freunden sich an, ihre Jungen liegen beieinander. Der Löwe frisst Stroh wie das Rind.

Der Säugling spielt vor dem Schlupfloch der Natter, das Kind streckt seine Hand in die Höhle der Schlange.

Man tut nichts Böses mehr und begeht kein Verbrechen auf meinem ganzen heiligen Berg; denn das Land ist erfüllt von der Erkenntnis des Herrn, so wie das Meer mit Wasser gefüllt ist.

An jenem Tag wird es der Spross aus der Wurzel Isais sein, der dasteht als Zeichen für die Nationen; die Völker suchen ihn auf; sein Wohnsitz ist prächtig.

Oder

Lk 7, 18–22

Johannes erfuhr das alles von seinen Jüngern. Da rief er zwei von ihnen zu sich, schickte sie zum Herrn und ließ ihn fragen: Bist du der, der kommen soll, oder müssen wir auf einen andern warten? Als die beiden Männer zu Jesus kamen, sagten sie: Johannes der Täufer hat uns zu dir geschickt und lässt dich fragen: Bist du der, der kommen soll, oder müssen wir auf einen andern warten? Damals heilte Jesus viele Menschen von ihren Krankheiten und Leiden, befreite sie von bösen Geistern und schenkte vielen Blinden das Augenlicht. Er antwortete den beiden: Geht und berichtet Johannes, was ihr gesehen und gehört habt: Blinde sehen wieder, Lahme gehen, und Aussätzige werden rein; Taube hören, Tote stehen auf, und den Armen wird das Evangelium verkündet.

▨ Zeit der Stille

▨ Gebet

Du, unser Gott,
so sehr bist du uns zugewandt,
dass du deinen Sohn
Mensch sein lässt,
einer von uns,
ganz nah.

Hilf uns bereit zu werden
für dein Kommen,
und deine Menschwerdung
zu erwarten.

Nicht erst in vier Wochen,
jederzeit!
Denn das Kalenderblatt
ist für dich der Maßstab nicht.

Du willst Begegnung
heute schon.

Menschwerdung (Weihnachten)

■ Impuls

Weihnachten
Menschwerdung Gottes
So sehr hat Gott die Welt geliebt,
dass er seinen Sohn gesandt hat.

Gott liebt.
Wie oft haben wir das schon gehört,
meditiert,
in Liedern besungen.
Gott liebt.

In Jesus wurde Gott
einer von uns.
Im Kind in der Krippe begegnet uns Gottes Liebe.
Höchstpersönlich.

Können wir das im Tiefsten begreifen?
Gott *tut* etwas nicht nur aus Liebe.
Er *ist* selbst die Liebe.

Er *hat* die guten und liebevollen Anteile nicht nur,
er *ist* in seinem Wesen durch und durch Liebe.
Nicht den geringsten Anteil besitzt er, der nicht Liebe wäre.

Unsere Vorstellungskraft reicht nicht aus,
um diese Vollkommenheit, diese Reinheit des Lichtes
zu erahnen.
Gott *ist* die Liebe.
Was nicht von Liebe durchdrungen ist,
stammt nicht von Gott.

Sich auf Gottes Liebe einzulassen,
sie anzunehmen,
ihr zu begegnen,
heißt immer auch, sich der eigenen Unvollkommenheit

bewusst zu werden,
die eigenen schmerzlichen Seiten zu spüren.

Ich wünsche uns Offenheit und Mut,
unsere Wunden in die Liebe Gottes hineinzuhalten.

▩ Zeit der Stille (etwa 15 bis 30 Minuten)

▩ Bibelstellen zur Auswahl

Joh 17, 24–26

Vater, ich will, dass alle, die du mir gegeben hast, dort bei mir sind, wo ich bin. Sie sollen meine Herrlichkeit sehen, die du mir gegeben hast, weil du mich schon geliebt hast vor der Erschaffung der Welt. Gerechter Vater, die Welt hat dich nicht erkannt, ich aber habe dich erkannt und sie haben erkannt, dass du mich gesandt hast. Ich habe ihnen deinen Namen bekannt gemacht und werde ihn bekannt machen, damit die Liebe, mit der du mich geliebt hast, in ihnen ist und damit ich in ihnen bin.

Oder

1 Joh 3, 1–3

Seht, wie groß die Liebe ist, die der Vater uns geschenkt hat: Wir heißen Kinder Gottes und wir sind es. Die Welt erkennt uns nicht, weil sie ihn nicht erkannt hat. Liebe Brüder, jetzt sind wir Kinder Gottes. Aber was wir sein werden, ist noch nicht offenbar geworden. Wir wissen, dass wir ihm ähnlich sein werden, wenn er offenbar wird; denn wir werden ihn sehen, wie er ist. Jeder, der dies von ihm erhofft, heiligt sich, so wie Er heilig ist.

Oder

1 Kor 13, 1–8 a

Wenn ich in den Sprachen der Menschen und Engel redete, hätte aber die Liebe nicht, wäre ich dröhnendes Erz oder eine lärmende Pauke.
Und wenn ich prophetisch reden könnte und alle Geheimnisse wüsste und alle Erkenntnis hätte; wenn ich alle Glaubenskraft besäße und Berge damit verset-zen könnte, hätte aber die Liebe nicht, wäre ich nichts.
Und wenn ich meine ganze Habe verschenkte und wenn ich meinen Leib dem Feuer übergäbe, hätte aber die Liebe nicht, nützte es mir nichts.

Die Liebe ist langmütig, die Liebe ist gütig. Sie ereifert sich nicht, sie prahlt nicht, sie bläht sich nicht auf.

Sie handelt nicht ungehörig, sucht nicht ihren Vorteil, lässt sich nicht zum Zorn reizen, trägt das Böse nicht nach.

Sie freut sich nicht über das Unrecht, sondern freut sich an der Wahrheit.

Sie erträgt alles, glaubt alles, hofft alles, hält allem stand.

Die Liebe hört niemals auf.

▓ Zeit der Stille

▓ Gebet

Mein Gott,
wie schnell bin ich dabei,
den Unvollkommenheiten und Schmerzen
meines Lebens auszuweichen.

Doch manchmal gibt es
Augenblicke tiefer Erkenntnis
über die Kleinheit meines Menschseins.

Dann öffnest du, Gott,
meinen Blick und lässt mich schauen,
wie groß deine Liebe
mich haben will.

Das Unverzichtbare (Fastenzeit)

Die Fastenzeit
ist eine Zeit, die gerne genutzt wird
um bewusst einmal
auf etwas zu verzichten

verzichten
auf Ungesundes
auf Überflüssiges
auf Luxus

um dem Wesentlichen näher zu kommen
um neue Klarheit zu erlangen.

Die Fastenzeit
ist aber auch eine Zeit,
in der ich mich besinnen kann
auf das, was für mich
lebensnotwendig
existenziell und
unverzichtbar ist.

Was ist für mich so wichtig,
dass ich es niemals lassen will?
Wovon lebe ich wirklich?
Was ist das Unverzichtbare in meinem Leben?
der Kern
die Essenz
die Lebensquelle

das Unverzichtbare
erkennen
bewahren
und stärken

die Quelle aufsuchen
daraus trinken
sich aufrichten und senden lassen

vielleicht ist es noch heilsamer
das Unverzichtbare aufzusuchen
als das Verzichtbare loszulassen

▓ Zeit der Stille (etwa 15 bis 30 Minuten)

▓ Bibelstellen zur Auswahl

Joh 1, 35–39

Am Tag darauf stand Johannes wieder dort und zwei seiner Jünger standen bei
ihm. Als Jesus vorüberging, richtete Johannes seinen Blick auf ihn und sagte:
Seht, das Lamm Gottes! Die beiden Jünger hörten, was er sagte, und folgten
Jesus. Jesus aber wandte sich um, und als er sah, dass sie ihm folgten, fragte
er sie: Was wollt ihr? Sie sagten zu ihm: Rabbi – das heißt übersetzt: Meister –,
wo wohnst du? Er antwortete: Kommt und seht! Da gingen sie mit und sahen,
wo er wohnte, und blieben jenen Tag bei ihm; es war um die zehnte Stunde.

Oder

Joh 4, 7–14

Da kam eine samaritische Frau, um Wasser zu schöpfen. Jesus sagte zu ihr: Gib
mir zu trinken! Seine Jünger waren nämlich in den Ort gegangen, um etwas zum
Essen zu kaufen. Die samaritische Frau sagte zu ihm: Wie kannst du als Jude
mich, eine Samariterin, um Wasser bitten? Die Juden verkehren nämlich nicht
mit den Samaritern. Jesus antwortete ihr: Wenn du wüsstest, worin die Gabe
Gottes besteht und wer es ist, der zu dir sagt: Gib mir zu trinken!, dann hättest
du ihn gebeten, und er hätte dir lebendiges Wasser gegeben. Sie sagte zu ihm:
Herr, du hast kein Schöpfgefäß, und der Brunnen ist tief; woher hast du also das
lebendige Wasser? Bist du etwa größer als unser Vater Jakob, der uns den
Brunnen gegeben und selbst daraus getrunken hat, wie seine Söhne und seine
Herden? Jesus antwortete ihr: Wer von diesem Wasser trinkt, wird wieder
Durst bekommen; wer aber von dem Wasser trinkt, das ich ihm geben werde,
wird niemals mehr Durst haben; vielmehr wird das Wasser, das ich ihm gebe, in
ihm zur sprudelnden Quelle werden, deren Wasser ewiges Leben schenkt.

Oder

Joh 14, 1–6

Euer Herz lasse sich nicht verwirren. Glaubt an Gott und glaubt an mich! Im Haus meines Vaters gibt es viele Wohnungen. Wenn es nicht so wäre, hätte ich euch dann gesagt: Ich gehe, um einen Platz für euch vorzubereiten? Wenn ich gegangen bin und einen Platz für euch vorbereitet habe, komme ich wieder und werde euch zu mir holen, damit auch ihr dort seid, wo ich bin. Und wohin ich gehe – den Weg dorthin kennt ihr. Thomas sagte zu ihm: Herr, wir wissen nicht, wohin du gehst. Wie sollen wir dann den Weg kennen? Jesus sagte zu ihm: Ich bin der Weg und die Wahrheit und das Leben; niemand kommt zum Vater außer durch mich.

▧ Zeit der Stille

▧ Gebet

Nahrhaftes Brot
in unermesslichem Hunger
Quellwasser
in unendlichem Durst
bist du
Gott
mir

als ob
allein ich
für dich zählte
schenkst du dich
mir
ganz

unsagbar
ist deine Liebe

Amen.

Getsemani (Gründonnerstag)

▨ Bibelstelle

Mt 26, 36–46 Das Gebet in Getsemani
(Oder Parallelstellen in Mk 14, 32–42 bzw. Lk 22, 39–46)

Darauf kam Jesus mit den Jüngern zu einem Grundstück, das man Getsemani nennt, und sagte zu ihnen: Setzt euch und wartet hier, während ich dort bete. Und er nahm Petrus und die beiden Söhne des Zebedäus mit sich. Da ergriff ihn Angst und Traurigkeit, und er sagte zu ihnen: Meine Seele ist zu Tode betrübt. Bleibt hier und wacht mit mir! Und er ging ein Stück weiter, warf sich zu Boden und betete: Mein Vater, wenn es möglich ist, gehe dieser Kelch an mir vorüber. Aber nicht wie ich will, sondern wie du willst. Und er ging zu den Jüngern zurück und fand sie schlafend. Da sagte er zu Petrus: Konntet ihr nicht einmal eine Stunde mit mir wachen? Wacht und betet, damit ihr nicht in Versuchung geratet. Der Geist ist willig aber das Fleisch ist schwach. Dann ging er zum zweiten Mal weg und betete: Mein Vater, wenn dieser Kelch an mir nicht vorübergehen kann, ohne dass ich ihn trinke, geschehe dein Wille. Als er zurückkam, fand er sie wieder schlafend, denn die Augen waren ihnen zugefallen. Und er ging wieder von ihnen weg und betete zum dritten Mal mit den gleichen Worten. Danach kehrte er zu den Jüngern zurück und sagte zu ihnen: Schlaft ihr immer noch und ruht euch aus? Die Stunde ist gekommen; jetzt wird der Menschensohn den Sündern ausgeliefert. Steht auf, wir wollen gehen! Seht, der Verräter, der mich ausliefert, ist da.

▨ Zeit der Stille

▨ Impuls

Jesus, der Menschensohn
von Angst ergriffen
zu Tode betrübt

Wacht mit mir!
Bleibt hier!
In dieser Stunde hätte er
die Nähe seiner Freunde so sehr gebraucht

diesen einen Abend
diese Nacht
Wacht und betet!

sie aber halten es nicht aus
unerträglich ist für sie
was ihrem Herrn und Meister widerfährt
sie können es nicht mit ansehen
die Augen fallen zu

so ist er nun in tiefster Seelennot
allein und verlassen

wenn doch der Kelch an ihm vorüberginge
wie nahe ist er allen Menschen
die voll des Leides sind
wie sehr empfindet er die abgrundtiefe Not
menschlicher Drangsal und Todesangst
auch er
wünscht zu entkommen
dem äußersten Leid
der Unerträglichkeit

in seiner Verlassenheit und tiefen Angst
vertraut er sich und sein Leben dem Vater an

Herr Jesus,
wir sind hier
an diesem Abend / in dieser Nacht
und schauen auf dich

angesichts deines tiefen Leids
sind wir in Stille da
ganz bei dir
wachend und betend

▨ Zeit der Stille

■ Gebet

Herr Jesus,

zu Tode betrübt
deine Seele ermattet
zu Boden geworfen

warum hält man nicht an
den Hohn in der Welt
den Undank und Spott

ausgeliefert
der Angst und der Pein
soll alles verloren denn sein?

Herr Jesus,

in Achtung und Ehrfurcht
verneige ich mich
vor diesem Geschehen

was du auf dich genommen
ist nicht in Worten zu sagen

nur ein Herz voller Liebe
kann es erahnen

Herr Jesus,

dir sei Dank
für deine Tod überwindende Liebe

Amen.

Warum (Gründonnerstag in der Nacht)

▨ Impuls

Manchmal zerrinnt
was hoffnungsvoll begann

manchmal verdorrt
was ein Stück schon gewachsen

manchmal fällt die Frucht
noch vor ihrer Reife

die unterdrückte Frage des Warum
bahnt sich den Weg
zum stummen Schrei

und verhallt leer in der Nacht
ohne Resonanz
bodenlos

hat einer je solchen Schrei vernommen?

nicht einer kommt entgegen
nicht einer bringt Antwort

nur einer nimmt ihn mit
den Schrei nach dem Warum
in finsterer Nacht

trägt ihn weiter in die Richtung
in die er einst seinen eigenen Schrei gestoßen
und vereint ihn mit seinem Warum
Warum hast du mich verlassen, mein Gott?

und durchstößt
stimmlos vereinte Schreie
ins Licht

Morgenglanz scheint auf

■ Zeit der Stille

■ Gebet

Mit dir, Jesus, wachen
mit dir, Jesus, leiden

auf dich, Jesus, schauen
auf dich, Jesus, bauen

dich will ich lieben
in dir will ich sein

du meine Hoffnung
du mein Erlöser

verstummt ist mein Mund
es schweigt meine Seele

mein Herr und mein Gott

Durchgang (Karwoche)

▩ Impuls

Durchgang

Mit Hilfe seiner Engel
hätte er aussteigen können …
das Kreuz auf dem steinigen Weg liegen lassen
und sich aus dem Staub machen …

Er hätte längst schweigen können …
das provozierende Handeln und Reden beenden
solange noch Zeit war …

Er hätte hinabsteigen können …
kraft seines Vaters Macht
ehe es zu spät war …

Wie hätte dann aber Verwandlung geschehen können?

▩ Zeit der Stille

▩ Bibelstellen zur Auswahl

Mt 26, 50 b–54

Da gingen sie auf Jesus zu, ergriffen ihn und nahmen ihn fest. Doch einer von den Begleitern Jesu zog sein Schwert, schlug auf den Diener des Hohenpriesters ein und hieb ihm ein Ohr ab. Da sagte Jesus zu ihm: Steck dein Schwert in die Scheide; denn alle, die zum Schwert greifen, werden durch das Schwert umkommen. Oder glaubst du nicht, mein Vater würde mir sogleich mehr als zwölf Legionen Engel schicken, wenn ich ihn darum bitte?

Oder

Mt 27, 38–43

Zusammen mit Jesus wurden zwei Räuber gekreuzigt, der eine rechts von ihm, der andere links. Die Leute, die vorbeikamen, verhöhnten ihn, schüttelten den Kopf und riefen: Du willst den Tempel niederreißen und in drei Tagen wieder aufbauen? Wenn du Gottes Sohn bist, hilf dir selbst und steig herab vom Kreuz! Auch die Hohenpriester, die Schriftgelehrten und die Ältesten verhöhnten ihn und sagten: Anderen hat er geholfen, sich selbst kann er nicht helfen. Er ist doch der König von Israel! Er soll vom Kreuz herabsteigen, dann werden wir an ihn glauben. Er hat auf Gott vertraut: Der soll ihn jetzt retten, wenn er an ihm Gefallen hat; er hat doch gesagt: Ich bin Gottes Sohn.

Oder

1 Kor 15, 20–22

Nun aber ist Christus von den Toten auferweckt worden als der Erste der Entschlafenen. Da nämlich durch e i n e n Menschen der Tod gekommen ist, kommt durch e i n e n Menschen auch die Auferstehung der Toten. Denn wie in Adam alle sterben, so werden in Christus alle lebendig gemacht werden.

Oder

Phil 2, 5–11

Seid untereinander so gesinnt, wie es dem Leben in Christus Jesus entspricht:
Er war Gott gleich, hielt aber nicht daran fest, wie Gott zu sein,
sondern er entäußerte sich und wurde wie ein Sklave und den Menschen gleich.
Sein Leben war das eines Menschen;
er erniedrigte sich und war gehorsam bis zum Tod, bis zum Tod am Kreuz.
Darum hat ihn Gott über alle erhöht und ihm den Namen verliehen, der größer ist als alle Namen, damit alle im Himmel, auf der Erde und unter der Erde ihre Knie beugen vor dem Namen Jesu und jeder Mund bekennt: »Jesus Christus ist der Herr« – zur Ehre Gottes, des Vaters.

▨ Zeit der Stille

▨ Gebet

Herr Jesus,

erniedrigt
gelitten
und ausgehalten
bis zum Äußersten

damit wir
befreit
erhöht
und verwandelt
werden

Wir neigen uns vor dir.

Amen.

Verwandlung (Ostern)

Bibelstelle

Joh 20, 11–18

Maria aber stand draußen vor dem Grab und weinte. Während sie weinte, beugte sie sich in die Grabkammer hinein. Da sah sie zwei Engel in weißen Gewändern sitzen, den einen dort, wo der Kopf, den anderen dort, wo die Füße des Leichnams Jesu gelegen hatten. Die Engel sagten zu ihr: Frau, warum weinst du? Sie antwortete ihnen: Man hat meinen Herrn weggenommen und ich weiß nicht, wohin man ihn gelegt hat. Als sie das gesagt hatte, wandte sie sich um und sah Jesus dastehen, wusste aber nicht, dass es Jesus war. Jesus sagte zu ihr: Frau, warum weinst du? Wen suchst du? Sie meinte, es sei der Gärtner, und sagte zu ihm: Herr, wenn du ihn weggebracht hast, sag mir, wohin du ihn gelegt hast. Dann will ich ihn holen. Jesus sagte zu ihr: Maria! Da wandte sie sich ihm zu und sagte auf Hebräisch zu ihm: Rabbuni!, das heißt: Meister. Jesus sagte zu ihr: Halte mich nicht fest; denn ich bin noch nicht zum Vater hinaufgegangen. Geh aber zu meinen Brüdern und sag ihnen: Ich gehe hinaus zu meinem Vater und zu eurem Vater, zu meinem Gott und zu eurem Gott. Maria von Magdala ging zu den Jüngern und verkündete ihnen: Ich habe den Herrn gesehen. Und sie richtete aus, was er ihr gesagt hatte.

Zeit der Stille

Impuls

verloren
das Kostbarste
mein Leben jäh unterbrochen
von außen bestimmt

nichts in der Hand mehr
als ausgetrocknete Tränen

alles losgelassen
alles ohne Wahl

verloren die Hoffnung
niedergeschmettert
außerhalb der Zeit

nicht wissend seit wann
nicht wissend wie
ist einer bei mir
im tiefsten Stillstand
ein Fremder
ich brauche Zeit
verstehe nichts

er nimmt mich ein Stück seines Weges
schaut einmal noch mit mir zurück
er wird mir vertraut
und war es schon immer
er spricht zu mir
nennt mich beim Namen

dann wendet er sich
und ich gehe mit
wie lange wir gehen
ist ohne Bedeutung
der Weg zählt allein
und der ihn vorausgeht
misst nicht in Stunden

in der Zeit wieder angekommen
ist das Ereignete erst zu verstehen
da es bereits geschehen
Verwandlung
in neues Leben

▩ Zeit der Stille

Gebet

Herr Jesus Christus

ich glaube
an die Macht deiner Liebe
deine Auferstehung
ist der Grund meiner Hoffnung
gewähre mir
im Leben und im Tod
mich selbst
deiner unendlichen Liebe
anheimzugeben.

Amen.

Raum schaffen (Pfingsten)

■ Impuls

Pfingsten ist Begegnung mit dem Heiligen Geist,
neu aufmerksam und offen werden für das Wirken des Heiligen Geistes.
Auch wenn wir jeden Tag mit seiner Anwesenheit rechnen dürfen – nicht nur
am Pfingstfest – so ist es dennoch gut, sich dieser göttlichen Wirklichkeit wieder neu bewusst zu werden. Dabei hilft uns das Eingebundensein in den kirchlichen Jahreskreis, der dieses feierliche Hochfest mit umfasst.

Was aber bedeutet das Offen-Werden für das Wirken des Heiligen Geistes in
unserem Alltag?
Damit all das, was unser Leben mit Freude, Lebendigkeit und Intensität füllen
will, bei uns auch ankommen und sich entfalten kann, müssen wir unsere innere
Tür öffnen und Raum schaffen.
Raum schaffen für das, was nicht von uns her schon geplant, abgeschlossen und
durchschaut ist.
Freiraum bewahren für Unerwartetes, für Zusätzliches, für Neues.

Was kann das konkret heißen?
Vielleicht ist es an der Zeit, sich einige freie Tage zu nehmen, das Alltägliche
hinter sich zu lassen und neues Land zu erkunden.
Mag sein, dass ich dem Bedürfnis nach einer stillen Zeit nachgeben sollte, einem
seit längerem bestehenden Wunsch Beachtung schenken oder einen ersten
Schritt in eine bestimmte Richtung gehen sollte.
Oft ist es dieser gewagte erste Schritt, der mir Neues eröffnet.
Eine Kontaktaufnahme, ein Aktiv-Werden oder eine Entscheidung, können mir
Zugang zu ungeahnten Möglichkeiten schaffen, die sich erst noch zeigen werden.

Wenn ich dann den Mut habe, bei aller Entschiedenheit auch immer wieder
innezuhalten, noch Unfertiges und Unvollkommenes liebevoll zu betrachten
und eine Entwicklung geschehen zu lassen, dann kann Gottes Heiliger Geist
wirken.

Im Wechsel von gehen und innehalten, geben und empfangen, aktiv werden und geschehen lassen, kann Freiraum entstehen, etwas zum Schwingen kommen und Leben sich ereignen.

Wir haben uns auf einen Weg gemacht und sind zur eucharistischen Anbetung hierher gekommen.
Wir sind aktiv geworden.
Wir wollen jetzt da sein und unser Herz für ihn öffnen.
Lassen wir uns in einer Zeit der Stille nieder und lassen wir geschehen, was Gottes Geist in uns wirken will.

▨ Zeit der Stille (etwa 15 bis 30 Minuten)

▨ Bibelstellen zur Auswahl

Apg 1, 8

Ihr werdet die Kraft des Heiligen Geistes empfangen, der auf euch herabkommen wird; und ihr werdet meine Zeugen sein in Jerusalem und in ganz Judäa und Samarien und bis an die Grenzen der Erde.

Oder

Joh 14, 26

Der Beistand aber, der Heilige Geist, den der Vater in meinem Namen senden wird, der wird euch alles lehren und euch an alles erinnern, was ich euch gesagt habe.

Oder

Joh 20, 21–22

Jesus sagte noch einmal zu ihnen: Friede sei mit euch! Wie mich der Vater gesandt hat, so sende ich euch. Nachdem er das gesagt hatte, hauchte er sie an und sprach zu ihnen: Empfangt den Heiligen Geist!

▨ Zeit der Stille

▨ Gebet

Herr, mein Gott,

wenn gute Ideen wie vom Himmel fallen
und manche Vorhaben weit besser gelingen
als wir sie uns ausmalen

wenn einer mir auf die Schulter klopft
und wortlos Anerkennung zunickt
wenn ungeahnter Mut mir zu Sprüngen verhilft
ich neue Kraft in mir spüre
ohne zu wissen woher

wenn Trauer sich in Freude wandelt
und Trost sich im Herzen ausbreitet

dann weiß ich wieder
dein Heiliger Geist ist wirklich und wahr

und er kommt nicht mit Brausen
ganz leise
ist er einfach da